CHATEAU DE VERSAILLES

Guide
du Musée et Domaine national
de Versailles et Trianon

par Pierre Lemoine
Inspecteur général honoraire des Musées de France

Réunion des Musées Nationaux

ISBN 2-7118-4485-4 (édition française)
ISBN 2-7118-4486-2 (édition anglaise)
© Édition de la Réunion des musées nationaux
Paris 1990, 1995, 2002
49, rue Étienne Marcel, 75001 Paris

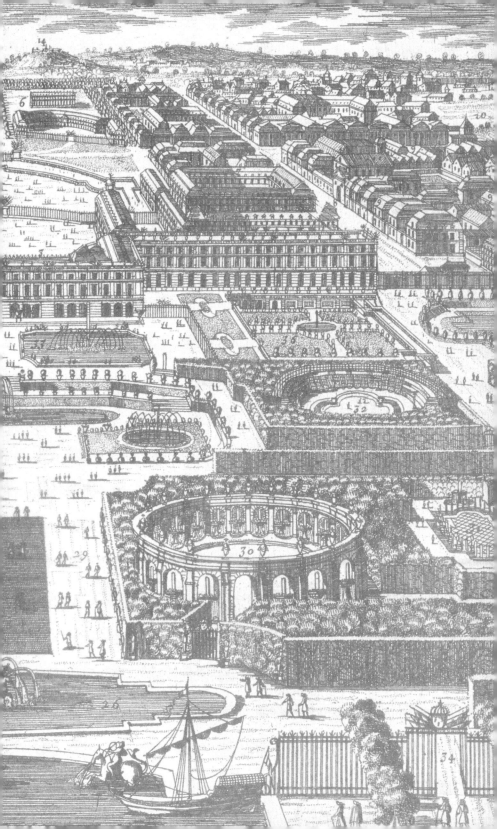

Sommaire

Avant-propos

Ainsi que le rappelait Charles Mauricheau-Beaupré en tête du guide de Versailles qu'il publiait lors de la réorganisation des collections qui suivit la Seconde Guerre mondiale, en 1949, les premières descriptions de Versailles ont été rédigées dès le règne de Louis XIV, par La Fontaine et par Mlle de Scudéry en 1669, par Félibien ensuite en 1674, qui publia le premier des véritables guides du château et des jardins. Réalité toujours changeante, et réunion complexe de chefs-d'œuvre dans le domaine de l'architecture et des jardins, du décor intérieur et du mobilier, des collections de peinture et de sculpture, Versailles nécessite périodiquement l'élaboration de nouveaux cicérones si l'on veut mettre aux mains du visiteur un texte d'actualité où il puisse découvrir les nouvelles restaurations d'appartements dans le château ou de bosquets dans les jardins, les acquisitions de mobilier et tous les aménagements qui lui permettront de mieux voir et de mieux comprendre l'un des plus parfaits ensembles qu'ait conçu le génie humain.

Le présent ouvrage est l'œuvre de notre ami Pierre Lemoine qui a passé presque toute sa carrière au château de Versailles, dont 7 ans en qualité de Conservateur en chef, de 1980 à 1986. Dans la lignée des grands conservateurs de Versailles que furent Pierre de Nolhac, Charles Mauricheau-Beaupré, Gérald Van der Kemp, il a beaucoup fait pour poursuivre la restitution des décors historiques et les ouvrir à la visite, en particulier les appartements du rez-de-chaussée où habitèrent au cours des générations successives le Dauphin, la Dauphine et les filles de Louis XV. Il était donc tout désigné pour rédiger ce nouveau guide. On y trouvera la description des appartements et des collections dans un ordre qui tient compte, tout à la fois, de l'organisation logique des ensembles historiques et du sens de la visite. C'était une gageure. Les appartements des princes se disposaient en effet traditionnellement en deux enfilades opposées, celle de l'époux et celle de l'épouse. Ainsi, aborder les appartements de l'un par les antichambres, comme il est logique, conduit à poursuivre la visite des appartements de l'autre en commençant par le cabinet ou la chambre, ce qui ne l'est pas.

Toute description de Versailles doit se plier à cette double réalité mais elle doit en expliquer les contradictions. Elle doit aussi garder son actualité en dépit des modifications des circuits de visite. L'augmentation spectaculaire du public, plus nombreux d'année en année (environ quatre millions en 1989), oblige en effet à prendre des mesures nouvelles pour réguler les flux et éviter la saturation de lieux historiques si précieux et si fragiles. Le souci d'améliorer l'accueil du public et de faciliter leur accès aux appartements privés et aux galeries historiques est un autre objectif, une autre raison de transformer dans les années qui viendront certains circuits, certaines conditions de visite.

C'est la raison pour laquelle la Grande et la Petite Ecurie ne sont pas évoquées dans ce texte. Edifiées sur la place d'Armes par Jules Hardouin-Mansart entre 1679 et 1685, elles constituent (comme le Grand Commun, Hôpital Dominique Larrey) les compléments indispensables du château. Ces deux ensembles architecturaux, édifiés en un temps où le cheval était l'indispensable compagnon de tous ceux qui hantaient Versailles et l'argument d'un art véritable, sont occupés aujourd'hui par diverses administrations. Les collections qu'y conserve le Château – galerie des voitures, galeries des sculptures de plein-air retirées du parc – ne sont pas en conditions d'être visitées à l'heure actuelle. On peut souhaiter qu'elles puissent l'être dans un proche avenir.

Je ne doute pas que les visiteurs de Versailles venus du monde entier ne trouvent dans cet ouvrage le meilleur des compagnons.

5 septembre 1990

Jean-Pierre Babelon

Directeur du Musée et du Domaine national
de Versailles et de Trianon

Les chiffres placés sous les titres
indiquent les dimensions des salles :
longueur × largeur × hauteur

Les chiffres entre parenthèses
dans le texte (fig. 00)
renvoient aux illustrations

Les chiffres supérieurs (^{00})
renvoient aux numéros des plans

Historique

L'étymologie du nom de Versailles est incertaine; cependant, il faut se rappeler que le mot «versail» désignait autrefois un terrain dont les mauvaises herbes avaient été arrachées: ainsi, le château le plus célèbre du monde devrait son nom à des terres défrichées. En tout cas, ce fut longtemps un pays de bois, d'étangs et de marécages, dont les derniers ne furent asséchés qu'au XVIIIᵉ siècle.

La première mention de Versailles apparaît en 1038: dans une charte de l'abbaye Saint-Père de Chartres, dont l'un des signataires est un certain Hugo de Versailliis. C'est sans doute à cette époque que remonte la fondation de la seigneurie et de la paroisse, consacrée à saint Julien.

Les seigneurs de Versailles ne sont guère puissants, mais ils relèvent directement du roi; leur modeste château, dominant l'église et le village, se dresse sur la pente méridionale de la butte où plus tard sera construit le château actuel.

Après les désordres de la guerre de Cent ans, le château est relevé de ses ruines par le nouveau titulaire du fief, le sire de Soisy. Il est alors composé d'un corps de logis principal et d'une aile en retour, précédés d'un portail encadré de deux tourelles; et le domaine comprend deux cours, un jardin, un clos, un colombier, des moulins à vent, des étables et 80 arpents de bois, de prés et de terres labourables.

En 1561, la seigneurie appartient à Martial de Loménie, secrétaire des Finances de Charles IX, qui agrandit son domaine et le porte à 450 arpents, soit 150 hectares. Mais il est assassiné la nuit de la Saint-Barthélemy, le 24 août 1572, et la seigneurie est rachetée à ses héritiers mineurs, pour la somme de 35 000 livres, par Albert de Gondi. C'est le membre le plus illustre de cette famille d'origine florentine qui est venue en France dans la suite de Catherine de Médicis. Bientôt créé duc de Retz et maréchal de France, Gondi reçoit à Versailles Henri III et son beau-frère, le roi de Navarre, le futur Henri IV. Ce dernier, qui connaît bien le château pour y être déjà venu en 1570, du temps de Loménie, y séjourne du 7 au 9 juillet 1589, moins d'un mois avant son avènement au trône de France.

Henri IV aime à venir chasser sur les terres giboyeuses de son ami, et cette passion pour la chasse, que partageront tous ses descendants, va déterminer le destin de Versailles. Le Roi, en effet, est parfois accompagné du jeune Dauphin et c'est ainsi que le futur Louis XIII prend goût à ce lieu un peu sauvage : devenu roi, il y reviendra fréquemment pour chasser en compagnie de quelques familiers, parmi lesquels le jeune duc de Saint-Simon, le futur père du mémorialiste.

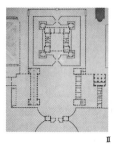

II

En 1623, pour n'avoir plus à coucher à l'auberge, il fait construire au sommet de la butte, là où naguère se dressait un moulin à vent, un pavillon en brique et pierre, coiffé d'un toit d'ardoise, qui comporte un corps de logis de douze toises sur trois (environ 24 m sur 6) et deux ailes étroites. C'est ce bâtiment auquel le maréchal de Bassompierre fera allusion à l'Assemblée des Notables de 1627, lorsqu'il évoquera «le chétif château de Versailles de la construction duquel un simple gentilhomme ne voudrait pas prendre vanité».

Cependant, quelques années plus tard, de 1631 à 1634, Louis XIII transforme et agrandit ce premier château : sur son ordre Philibert Le Roy élargit le corps de logis d'une toise, reconstruit les ailes et flanque les angles de quatre pavillons décrochés : ainsi naît le «petit château de cartes» dont plus tard parlera Saint-Simon et qui subsiste encore au cœur des immenses constructions de Louis XIV.

Au cours des travaux, Louis XIII a acquis de nouvelles terres et, le 8 avril 1632, il a racheté la seigneurie de Versailles à Jean-François de Gondi, archevêque de Paris et héritier d'Albert. Il songe dès lors à s'y retirer dès que le Dauphin

2

3

aura atteint sa majorité « pour ne plus songer qu'aux affaires de son salut » ; sa mort prématurée l'empêchera de réaliser son projet.

Pendant les premières années de son règne, Louis XIV ne vient que rarement à Versailles mais, dès son mariage, il y amène la Reine et la cour. A partir de 1661, commencent les travaux qui transformeront rapidement l'ermitage d'un solitaire en une aimable résidence susceptible d'accueillir la famille royale. Au premier étage, notamment, sont créés deux appartements symétriques pour le Roi et la Reine, reliés par un salon central (fig. 1). Deux bâtiments de communs, destinés à abriter les cuisines et les écuries, sont construits, ils délimitent une avant-cour fermée d'une grille et précédée d'une place vers laquelle convergent trois avenues en patte d'oie (fig. 2). En même temps, Le Nôtre trace les nouveaux jardins tandis que Le Vau élève une Orangerie (fig. 3) et une Ménagerie (fig. 4).

Le château ainsi rajeuni devient un séjour de fêtes. *Les Plaisirs de l'île enchantée*, en mai 1664, et *le Grand Divertissement royal*, le 18 juillet 1668 (fig. 5), éblouissent les contemporains et font connaître à l'Europe le nom de Versailles.

Cependant, le Roi songe à agrandir un château devenu trop exigu, et il demande des plans à Louis Le Vau. Celui-ci lui présente plusieurs projets qui proposent des solutions

1
Plan du château
vers 1662

2
Pierre Patel
*Vue cavalière du
château*, 1668

3
Adam-Frans Van der
Meulen
le *Château vu des
collines de Satory*,
vers 1665

Veüe et Perspective de la Menagerie du costé de l'entrée

4

La Salle du Bal donné dans le petit Parc de Versailles   IV.   Aula splendidus et singularis septa, ad saltationes et choreas Descendens peractæ Sur l'Hortis Versaliensis

5

contradictoires : les uns prévoient la destruction du château primitif et son remplacement par un palais à l'italienne ; les autres le conservent en l'encadrant de deux ailes en pierre.

Louis XIV semble avoir hésité entre ces deux solutions, mais finalement, sans doute sur les conseils de Colbert, il adopte une solution mixte : « le château de cartes » sera conservé et enveloppé sur trois côtés par un bâtiment en pierre, plus élevé et couvert d'un toit plat, que l'on ne se souciera nullement d'harmoniser avec la construction de Louis XIII. On distingue désormais le château-vieux et le château-neuf, et les différences de matériau, d'échelle et de style

7

6

entre les deux édifices prouvent qu'il s'agit là d'une solution provisoire : visiblement, le Roi a l'intention de détruire ultérieurement le bâtiment en brique et de le remplacer par un corps de logis en pierre semblable aux façades de «l'enveloppe». Le Vau d'abord, puis Mansart, fourniront plusieurs projets, mais les guerres qui assombrissent la seconde partie de son règne empêcheront Louis XIV de réaliser le «grand dessein». Il le léguera à Louis XV, qui en différera longtemps l'exécution et ne se décidera à en entreprendre la réalisation qu'à la fin de son règne. Les embarras financiers qui marquent le règne de Louis XVI feront avorter les ambitieux projets de reconstruction du château établis par Gabriel et par ses successeurs : l'aile dite «de Gabriel» et le pavillon, construit sous Louis XVIII par Dufour pour lui faire pendant, restent les seuls témoins d'un rêve qui ne s'est jamais concrétisé.

Versailles est donc un château inachevé ou plutôt, il est formé de deux châteaux encastrés l'un dans l'autre, ce qui justifie en partie la critique de Saint-Simon : «Le beau et le vilain, le vaste et l'étranglé furent cousus ensemble.»

C'est donc uniquement la façade sur les jardins qui exprime vraiment la pensée de Louis XIV et de ses architectes : un vaste palais à l'italienne dont les toits plats sont dissimulés par une balustrade hérissée de trophées et de pots à feu, des façades rythmées par des avant-corps à colonnes surmontés de statues. Le caractère baroque de cette architecture est encore accentué par le décrochement créé au premier étage par une vaste terrasse qu'encadrent deux puissants pavillons (fig. 6).

De part et d'autre de cette terrasse, se développent symétriquement le Grand Appartement du Roi au nord et celui de

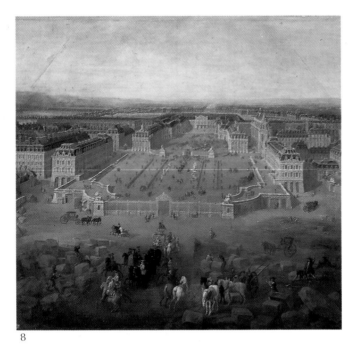

8

8
Pierre-Denis Martin
*Vue du château
du côté des cours*

9
La façade du château
sur les jardins

10
Pierre-Denis Martin
*les Cours du château
et les Ecuries,* 1722

la Reine au sud, auxquels correspondent, dans le château-
vieux les Petits Appartements des souverains (fig. 7).

Le château de brique et pierre, momentanément conservé,
reçoit de nouveaux embellissements : ses façades sont ornées
de colonnes de marbre de Rance, de balcons en fer forgé et
doré, de bustes posés sur des consoles, de statues allégoriques
assises sur les balustrades ; les toits s'enrichissent d'ornements
en plomb doré ; la cour est dallée de marbre. Les bâtiments
des communs, surélevés, sont reliés au château primitif pour

9

10

former la cour Royale que ferme une grille dorée. Au-delà, une avant-cour est créée, que bordent deux ailes destinées au logement des secrétaires d'Etat et qu'une grille dorée sépare de la place d'Armes, où aboutissent trois avenues en patte d'oie (fig. 8).

Cependant, dès 1678, la façade sur les jardins est remaniée : la terrasse centrale disparaît, un nouveau mur de façade est élevé entre les deux pavillons derrière lequel se développera la galerie des Glaces (fig. 9).

En effet, la paix de Nimègue, qui assure la suprématie du Roi en Europe et marque l'apogée du règne, a donné le signal de l'ouverture de nouveaux travaux d'agrandissement. C'est alors que Jules Hardouin-Mansart élève les deux longues ailes du Midi et du Nord, où seront logés les princes et les courtisans, la Grande et la Petite Ecurie, qui abriteront les chevaux de selle, les chevaux de trait et les carrosses (fig. 10) et le Grand Commun, qui sera réservé aux services de la Bouche et au logement de la nombreuse domesticité.

11
Le château du côté
de l'Orangerie

11

Du côté des jardins, l'augmentation considérable des bâtiments, qui triple la superficie du château, a nécessité d'énormes travaux de terrassement : ainsi, la petite butte primitive a été agrandie aux dimensions d'un vaste plateau sur lequel les nouvelles constructions ont pu se développer. C'est alors qu'André Le Nôtre donne aux jardins leur aspect définitif : les parterres sont transformés pour être mis à l'échelle de l'immense palais ; une nouvelle Orangerie, aux proportions cyclopéennes, remplace celle de Le Vau devenue trop petite (fig. 11), les perspectives sont élargies, le Grand Canal et la pièce d'eau des Suisses, qui les prolongent, sont creusés, les bosquets sont multipliés, ainsi que les fontaines, au prix de longs et coûteux travaux d'adduction d'eau.

C'est ainsi que naît le chef-d'œuvre du «jardin à la française», à la décoration duquel contribuent les plus grands sculpteurs du temps : les statues de marbre et de bronze qui le peuplent évoquent les plus célèbres «villas» de l'Antiquité et constituent le plus extraordinaire musée de sculpture en plein air qui se puisse imaginer.

Cependant, pour préserver peut-être quelque chose du caractère d'intimité du Versailles primitif, Louis XIV élève au fond du parc un petit palais dont Saint-Simon résumera l'histoire en une formule lapidaire : «Trianon dans ce même parc et à la porte de Versailles, d'abord maison de porcelaine à aller faire des collations, agrandie après pour y pouvoir coucher, enfin palais de marbre, de jaspe et de porphyre avec des jardins délicieux.»

Dans les mêmes années, une ville entière est construite, dont le plan s'ordonne autour du grand axe du château et des jardins; ainsi naît la plus grandiose des réalisations d'urbanisme, contemporaine et rivale des Champs-Elysées. Cette ville est le complément indispensable du château qui, avec ses nombreuses dépendances, abrite environ cinq mille personnes, mais ne saurait héberger la domesticité des courtisans que leurs fonctions appellent à la cour : ces derniers élèveront donc en ville des hôtels où seront logés leurs serviteurs et leurs équipages. Des tavernes, des auberges contribuent à l'animation de la ville dont la population ne cessera de croître pour atteindre, à la veille de la Révolution, le chiffre de soixante-dix mille habitants.

Cette prospérité s'explique par la décision de Louis XIV de transférer à Versailles le siège de la cour et du gouvernement. Cette installation a lieu le 6 mai 1682 : désormais, et pendant plus de cent ans, mise à part la brève interruption de la Régence, Versailles sera la capitale politique et administrative du royaume.

Cette décision surprenante, qui enlève à Paris son antique privilège et préfigure la création des grandes capitales modernes comme Washington ou Brasilia, répond à un certain nombre de préoccupations du Roi. Louis XIV, qui n'a pas oublié les dangers et les humiliations de la Fronde, veut mettre la personne royale et le gouvernement à l'abri des mouvements d'humeur de la foule parisienne; d'autre part, il se rappelle la révolte des princes et des grands seigneurs qui, dans sa jeunesse, a failli ébranler les fondements de la monarchie. En les attirant à la cour et en les y maintenant dans une semi-domesticité et une oisiveté dorée, il aliène leur indépendance et leur ôte toute velléité de rébellion.

De plus, il rêve d'édifier un palais qui porte la marque de son temps, alors qu'au Louvre et aux Tuileries, il est limité par l'œuvre de ses prédécesseurs. D'ailleurs, à Paris, il souffre du manque d'espace : cavalier émérite et chasseur impénitent, il aime le grand air et les vastes étendues.

Enfin et surtout, la création de Versailles répond à un grand dessein politique et économique. Dirigeant personnellement les affaires du royaume et réorganisant l'administration dont il accentue le caractère centralisateur, le Roi souhaite regrouper auprès de lui les ministres et leurs services. Renforçant un protectionnisme qui tend à ravir à l'Italie le monopole des industries de luxe (marbres, miroirs, velours, brocarts), il rouvre les carrières de marbres restées inexploitées depuis la chute de l'Empire romain, il réorganise les anciennes manufactures royales, il en crée de nouvelles comme les Gobelins et Saint-Gobain. Largement ouvert à tous, même aux plus humbles, le château est une sorte d'exposition permanente des arts et des métiers français. En moins de vingt ans, la France devient la principale puissance productrice et expor-

12

tatrice de l'Europe : la prospérité économique dont elle jouira au XVIIIᵉ siècle et l'expansion de l'art français à travers le monde ont donc leur origine dans la création de Versailles.

La fin du règne sera essentiellement marquée par la construction de la chapelle, achevée seulement en 1710. Par l'ampleur de ses proportions et la richesse de son décor, elle couronne magnifiquement l'œuvre de Louis XIV.

Pendant la Régence, le jeune Louis XV réside au château des Tuileries, à Paris ; mais, le 15 juin 1722, six mois avant la proclamation de sa majorité, il décide de se réinstaller à Versailles et d'en faire de nouveau le siège du gouvernement.

Son long règne est, pour le château, une période d'intense activité artistique, marquée certes par quelques destructions regrettables, comme celles de l'appartement des Bains et de l'escalier des Ambassadeurs, mais aussi par de nombreuses et remarquables créations, comme le salon d'Hercule, l'Opéra et le Petit Trianon. Par ailleurs, les appartements du Roi, de la Reine et des princes de la famille royale sont peu à peu transformés pour être mis au goût du jour et devenir plus confortables. Ange-Jacques Gabriel dirige ces nouveaux aménagements et donne les dessins des admirables boiseries que complète un mobilier somptueux et raffiné, fourni par les meilleurs ébénistes du temps.

Sous le règne de Louis XVI, l'évolution du goût se traduit par l'apparition de nouveaux décors et de nouveaux meubles où le retour à l'antique se manifeste avec une élégance discrète. En même temps, on élabore de grandioses projets de reconstruction partielle du château, dont la Révolution empêchera la réalisation (fig. 12).

A la fin de l'Ancien Régime, le château est sans conteste la résidence royale la plus somptueuse d'Europe, et les œuvres d'art que les rois y ont accumulées pendant plus d'un siècle en font un incomparable musée.

La Révolution envoie au «Museum», l'actuel musée du Louvre, les tableaux, les antiques et les gemmes, à la Bibliothèque nationale les livres et les médailles, au Conservatoire

12
Le «grand projet»
de Gabriel

des Arts et Métiers les pendules et les instruments scientifiques. A quelques exceptions près, le mobilier est vendu aux enchères publiques.

Cependant, il est décidé que le château « sera conservé et entretenu aux frais de la République pour servir aux jouissances du peuple et former des établissements utiles à l'agriculture et aux arts ». On y installe donc un Cabinet d'histoire naturelle, une bibliothèque, un conservatoire de musique et un « musée spécial de l'Ecole française » comprenant environ trois cent cinquante tableaux, auxquels s'ajoutent les deux cent cinquante statues des jardins. Mais ces aménagements n'ont qu'une existence éphémère et les tableaux, en particulier, sont bientôt envoyés au Louvre.

Avec la proclamation de l'Empire, en effet, le château est redevenu une résidence de la couronne. Napoléon le fait restaurer et décide d'y passer chaque année les mois d'été ; mais il abdique avant d'avoir pu réaliser son projet. De même, la Restauration est trop brève pour permettre à Louis XVIII et à Charles X de se réinstaller dans le château où ils sont nés.

En 1830, le château est pratiquement intact, mais il est menacé. Pour le sauver d'une destruction possible ou d'une utilisation déshonorante, Louis-Philippe décide, dans un souci de réconciliation nationale, de le transformer à ses frais en un musée dédié « à toutes les gloires de la France ». Il y rassemble une collection de portraits et de scènes historiques qui, par leur nombre (plus de six mille tableaux et deux mille sculptures), leur intérêt documentaire et, bien souvent leur valeur artistique, font de Versailles le plus important musée d'Histoire du monde.

Cependant, s'il conserve la chapelle, l'Opéra, la galerie des Glaces et l'essentiel du décor des appartements royaux, il n'hésite pas, pour créer de vastes salles d'exposition, à ordonner la destruction de la plupart des appartements de princes et de courtisans, faisant ainsi disparaître des chefs-d'œuvre de l'art décoratif du XVIIe et du XVIIIe siècles.

Aujourd'hui, le château présente donc un double visage : d'une part, ce qui subsiste de l'ancienne résidence royale, environ cent vingt pièces, où se poursuit systématiquement une politique de restitution scrupuleuse des états anciens et de remeublement ; et d'autre part, le musée d'Histoire, que Louis-Philippe appelait « les Galeries historiques », et qui comprend cent vingt salles.

Le château

Le visiteur pénètre dans l'avant-cour, bordée par les ailes des Ministres, par une grille dont le portail est flanqué de deux groupes sculptés symbolisant, celui de gauche *les Victoires de Louis XIV sur l'Espagne*, par François Girardon, à droite ses *Victoires sur l'Empire*, par Gaspard Marsy. En retrait, sont placées les statues de *la Paix* par Jean-Baptiste Tuby à gauche, et de *l'Abondance* par Antoine Coysevox, à droite. A l'origine, ces statues encadraient le portail d'une seconde grille qui séparait l'avant-cour de la cour Royale. Le thème de la Guerre et de la Paix se retrouve dans le décor de la galerie des Glaces et des salons qui l'encadrent, et également dans les jardins.

La seconde grille, qui fut détruite à la Révolution, passait à l'emplacement de la statue équestre de Louis XIV, œuvre de Cartellier et Petitot, qui n'a été érigée qu'en 1836.

La cour de Marbre est la partie la plus ancienne du château, et les bâtiments qui la bordent sont ceux de Louis XIII, considérablement modifiés et embellis par Louis XIV (fig. 13).

L'horloge qui surmonte l'avant-corps central est encadrée par les statues de *Mars* par Marsy et d'*Hercule* par Girardon. Les statues assises sur les balustrades des ailes en retour symbolisent : à droite, *la Renommée* par Le Conte, *l'Asie* par Massou, *l'Europe* par Le Gros, *la Paix* par Regnaudin, *la Diligence* par Raon, *la Prudence* par Massou, *la Sagesse* par Girardon, *la Justice* par Coysevox et *la Magnificence* par Marsy ; à gauche, *la Victoire* par Lespingola, *l'Afrique* par Le Hongre, *l'Amérique* et *la Gloire* par Regnaudin, *la Richesse* et *l'Autorité* par Le Hongre, *la Générosité* par Le Gros, *la Force* par Coysevox et *l'Abondance* par Marsy.

13
La cour de Marbre

13

Pour bien comprendre la structure générale des bâtiments et, en particulier, l'implantation du château-vieux par rapport au château-neuf, il est recommandé de faire d'abord le tour du corps central, en empruntant le passage du Nord vers les jardins (à droite dans la cour Royale) et en revenant par le passage du Midi.

Une visite détaillée de Versailles et de Trianon requiert au moins deux journées, et davantage si l'on veut voir les « Galeries historiques ».

Les visiteurs ne disposant que d'une journée se limiteront à la visite des parties essentielles : le château (appartement du Roi, Opéra, chapelle, Grands Appartements du Roi et de la Reine, galerie des Glaces), les jardins et Trianon.

– En raison de l'affluence, il est conseillé de commencer la visite par les jardins et Trianon.

Le visiteur pressé se limitera à la visite de la chapelle, des Grands Appartements et de la galerie des Glaces (entrée A, au fond de la cour de la chapelle, pour les visiteurs individuels ; entrée B, à droite dans la cour Royale pour les groupes ayant réservé à l'avance.

– Le départ de toutes les visites commentées par des conférenciers des musées nationaux se fait par l'entrée C, sous le passage de gauche.

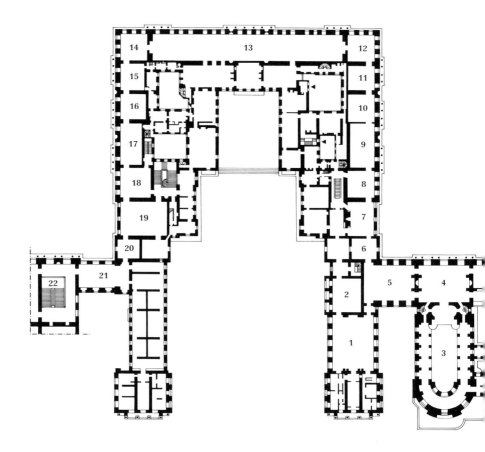

Les Grands Appartements

Visite non commentée

rez-de-chaussée

Les visiteurs individuels accèdent aux Grands Appartements par l'entrée A, située au fond de la cour de la chapelle. La salle dans laquelle ils pénètrent était, à l'origine, ouverte sur la cour et le jardin, et elle servait de passage public. Elle abrite aujourd'hui un bureau d'information, les caisses du droit d'entrée, le comptoir de location des audio-guides et le vestiaire.

Les groupes ayant réservé pénètrent par l'entrée B, située à droite dans la cour Royale, dans le vestibule dit «vestibule Gabriel». Ce dernier ouvre sur le Grand Degré[1] (fig. 14), qui conduit à la salle des Etats Généraux[2] et au salon d'Hercule, à l'entrée des Grands Appartements du Roi. Cet escalier était destiné à remplacer l'escalier des Ambassadeurs, détruit en 1752; sa construction fut entreprise en 1772 sur les plans d'Ange-Jacques Gabriel, mais les travaux furent rapidement interrompus; ils ont été repris de nos jours et achevés en 1985, en exécution du projet originel.

14

14
Le Grand Degré

Le vestibule de la chapelle
(15,50 m × 13,92 m × 6 m)

Cette grande salle à colonnes, dallée de marbre, occupe l'emplacement de la grotte de Thétys, édifiée en 1665 et détruite en 1685. Le grand haut-relief de marbre représente *Louis XIV franchissant le Rhin*; cette œuvre de Nicolas et Guillaume Coustou était destinée à orner la cheminée du salon de la Guerre; elle a été placée ici par Louis-Philippe.

La chapelle royale[3]

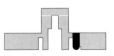

Ce magnifique édifice (44 m × 17,82 m × 25,59 m) est la quatrième chapelle du château, les trois précédentes n'ayant eu qu'un caractère provisoire. Commencée en 1699 sur les plans de Jules Hardouin-Mansart, celle-ci a été achevée en 1710 sous la direction de son beau-frère Robert de Cotte.

Conformément à la tradition des chapelles palatines, elle comporte deux étages. La tribune principale, au-dessus de l'entrée était réservée à la famille royale, les tribunes latérales aux princes du sang et aux principaux dignitaires de la cour; le reste des fidèles se tenait au rez-de-chaussée (fig. 15).

15

15
La chapelle royale

16
Antoine Coypel
les peintures
de la voûte, 1709

La luminosité de ce majestueux vaisseau, la noblesse de son architecture et la qualité exceptionnelle de sa décoration font de cette chapelle un des grands chefs-d'œuvre de l'art sacré.

La blancheur de la pierre est discrètement relevée par les ors du maître-autel et de l'orgue, ainsi que par la polychromie des marbres du dallage et des peintures de la voûte.

La décoration tout entière illustre avec précision le parallélisme entre l'Ancien et le Nouveau Testament. Les peintures de la voûte (fig. 16) représentent les trois personnes de la Trinité : au centre, *le Père Eternel dans sa gloire apportant au monde la promesse du rachat,* par Antoine Coypel ; dans le cul-de-four de l'abside, *la Résurrection du Christ,* par Charles de La Fosse ; au-dessus de la tribune royale, *la Descente du Saint-Esprit sur la Vierge et les apôtres,* par Jean Jouvenet. Aux extrémités de la voûte, deux médaillons imitant le bronze doré représentent saint Louis, à qui la chapelle est dédiée, et Charlemagne. Entre les fenêtres hautes, les douze prophètes préfigurent les douze apôtres, représentés aux plafonds des tribunes latérales.

Ce parallélisme se retrouve dans les bas-reliefs du pourtour du chœur où Nicolas Coustou a fait figurer les symboles du judaïsme (chandelier à sept branches, tables de la Loi et arche d'alliance) à côté des instruments de la Passion du Christ. Le reste de la décoration sculptée comprend des figures des Vertus couronnant les fenêtres des tribunes : les anges tenant les instruments de la Passion aux archivoltes des arcades du rez-de-chaussée et les bas-reliefs des piliers où les scènes évoquant les différentes étapes du Calvaire alternent avec d'admirables trophées à sujet religieux. L'ensemble de ces sculptures, dont la finesse d'exécution est exceptionnelle, est l'œuvre de toute une équipe de sculpteurs, parmi lesquels on relève les noms de Guillaume et Nicolas Coustou, Le Lorrain, Thierry, Frémin, Magnier, Le Moyne, Le Pautre, Van Clève, etc.

Le maître-autel de bronze doré est l'œuvre du seul Van Clève, qui a ciselé la «gloire» où brille le nom de Yahveh, les anges qui l'adorent et le bas-relief représentant *le Christ mort sur les genoux de sa mère* (fig. 17).

Dans la tribune située au-dessus du maître-autel est placé le bel orgue, dont le mécanisme est dû à Cliquot et dont le buffet, magnifiquement sculpté et doré, est l'œuvre de Taupin, Degoullons et Le Goupil. Autour de cet orgue, dont le plus illustre titulaire fut François Couperin dit «le Grand» se plaçaient les musiciens et les choristes chargés d'interpréter les grands motets de Lully, Charpentier et Delalande.

Les autels secondaires sont dédiés aux saints patrons des membres de la famille royale. Les deux principaux sont placés dans une petite construction faisant saillie vers le nord et contenant deux chapelles superposées ; au rez-de-chaussée, la

17

chapelle Saint-Louis, ornée d'une peinture de Jouvenet, *Saint Louis soignant les blessés à la bataille de Mansourah*; à l'étage, la chapelle de la Vierge dont l'autel est surmonté d'une *Annonciation* de Louis de Boulogne. Dans la tribune voisine se trouve l'autel de sainte Thérèse, décoré d'une *Extase de la sainte*, par Jean-Baptiste Santerre.

Les autres autels, placés dans les bas-côtés et le déambulatoire du rez-de-chaussée, n'ont été achevés que sous Louis XV. Ils sont ornés d'admirables bas-reliefs de bronze : *Sainte Adélaïde prenant congé de saint Odilon*, par Lambert

Sigisbert Adam; *Sainte Anne instruisant la Vierge*, par Jacques Verberckt; *Saint Charles Borromée pendant la peste de Milan*, par Edme Bouchardon; *le martyre de sainte Victoire*, par Nicolas Sébastien Adam.

Jusqu'à la fin de l'Ancien Régime, la chapelle servit de cadre aux cérémonies religieuses de la cour de France, messes de l'ordre du Saint-Esprit, Te Deum pour les victoires militaires, baptêmes et mariages princiers dont le plus célèbre fut sans doute celui qui unit, le 16 mai 1770, le Dauphin, futur Louis XVI à l'archiduchesse Marie-Antoinette. Lors de ces cérémonies, le Roi se plaçait sur un prie-Dieu au centre de la nef, alors qu'habituellement il entendait la messe du haut de la tribune royale, située au-dessus de la porte d'entrée.

Cette porte est encadrée par deux escaliers à vis qui conduisent directement au salon de la chapelle. La galerie de pierre mène à l'Opéra et aux Galeries historiques : salles des Croisades, salles du XVIIe siècle et salles du XIXe siècle. La visite des salles du XVIIe siècle constitue une excellente introduction à celle des Grands Appartements; la dernière de ces salles ouvre sur le salon de la chapelle.

Le salon de la chapelle[4]
(14,17 m × 12,85 m × 11,57 m)

Situé au-dessus du vestibule de la chapelle et ouvrant directement sur la tribune royale, il présente la même architecture que la chapelle : sol dallé de marbre, colonnes corinthiennes, figures de Vertus au-dessus des portes et des fenêtres. Les stucs des angles du plafond représentent les

18

18
Le salon de la chapelle

quatre parties du monde (fig. 18). Les statues des niches n'ont été placées qu'en 1730 : à droite *la Magnanimité* par Jacques Bousseau ; à gauche, *la Gloire tenant le portrait de Louis XV* par François Antoine Vassé.

La grande porte qui ouvre sur la tribune royale est ornée d'une serrure dont l'admirable ciselure est due à Desjardins. Le tapis de la Savonnerie aux armes royales a été tissé pour cette tribune où, chaque matin, le roi et la famille royale s'agenouillaient pour suivre la messe. Aux extrémités de la tribune se trouvent deux balcons circulaires que protégeaient autrefois des niches de glaces serties des baguettes de bronze doré et où parfois se plaçaient le Roi à gauche et la Reine à droite. Les portes latérales sont surmontées de bas-reliefs qui figurent *la Présentation au Temple*, par Poirier, et *Jésus instruisant les docteurs de la Loi*, par Guillaume Coustou. La peinture de la voûte représente *la Descente du Saint-Esprit sur la Vierge et les apôtres, le jour de la Pentecôte* : elle rappelle que le Roi, le jour de son sacre, recevait les mêmes onctions qu'un évêque et que de ce fait, il était, lui aussi, considéré comme le successeur des apôtres.

Le Grand Appartement du Roi

premier étage

A l'origine, il comprenait sept pièces : salon où aboutissait le Grand Degré du Roi, salle des Gardes, antichambre, chambre et trois cabinets dont le dernier ouvrait sur une terrasse qui occupait le centre de la façade principale sur les jardins et au-delà de laquelle se déroulait le Grand Appartement de la Reine.

Le décor était directement inspiré de celui des palais italiens du temps, en particulier les plafonds, ornés de peintures dans des compartiments de stucs dorés. Le thème général en était emprunté au célèbre appartement des Planètes du palais Pitti à Florence, dont Pierre de Cortone avait dirigé les travaux et que Le Brun avait pu admirer. Un pareil thème convenait particulièrement bien à Versailles, dont le décor tout entier s'inspire du mythe solaire. Félibien l'a d'ailleurs expliqué en ces termes : «Comme le Soleil est la devise du Roi, l'on a pris les sept planètes pour servir de sujet aux tableaux des sept pièces de cet appartement, de sorte que dans chacune on y doit représenter les actions des Héros de l'Antiquité qui auront rapport à chacune des planètes et aux actions de Sa Majesté. On en voit les ornements symboliques dans les ornements de sculpture qu'on a faits aux corniches et dans les plafonds.» Depuis l'Antiquité, en effet, les planètes portent les noms des principaux dieux de l'Olympe : ces derniers accompagnent donc Apollon, dieu du Soleil, comme les planètes tournent autour de cet astre.

Ce programme ambitieux et cohérent ne fut cependant pas entièrement réalisé. Dès 1678, en effet, la construction de la galerie des Glaces entraîna la modification du décor du grand cabinet et la disparition des deux autres. Cette perte fut en partie compensée par la création à l'autre extrémité, de deux nouvelles pièces, le salon de Vénus et le salon de l'Abondance.

En 1684, Louis XIV fit aménager, dans le château-vieux, un nouvel appartement qu'il habita jusqu'à sa mort, et ses successeurs après lui : le Grand Appartement changea donc d'affectation et ne servit plus désormais qu'aux réceptions et aux fêtes. Les «jours d'appartement», c'est-à-dire le lundi, le mercredi et le jeudi, le Roi, la famille royale et toute la cour s'y retrouvaient pendant quatre heures, de six heures à dix heures du soir ; chaque salle prenait alors une destination différente, l'étiquette était assouplie et le Roi n'était plus qu'un maître de maison présidant aux divertissements qu'il offrait à ses hôtes : c'est ce que madame de Maintenon appelait «les délices de Versailles».

Les murs du Grand Appartement sont lambrissés de marbre, soit sur toute la hauteur, soit jusqu'à hauteur d'appui ; et Félibien a pris soin de faire remarquer que «l'on a observé d'employer ceux qui sont les plus rares et les plus précieux dans les lieux les plus proches de la personne du Roi, de sorte qu'à mesure qu'on passe d'une chambre dans une autre, on y voit plus de richesses, soit dans les marbres, soit dans la sculpture, soit dans les peintures qui embellissent les plafonds».

Louis XIV avait d'abord souhaité que les portes soient en bronze doré, mais il y renonça bientôt : on plaça alors les portes de bois sculpté et doré que l'on y voit toujours et dont le décor se rattache étroitement au symbolisme de la pièce correspondante.

Dans les pièces entièrement revêtues de marbre, étaient exposés les statues et les bustes antiques des collections royales. Dans les autres, au-dessus du lambris d'appui, les murs étaient tendus d'étoffes sur lesquelles étaient accrochés des tableaux, aujourd'hui au Louvre pour la plupart. Ces étoffes variaient selon la saison : l'hiver, c'était un velours cramoisi, bordé de galons et de franges d'or ; l'été, un brocart ou un damas. Les portières, placées devant les portes, étaient faites du même tissu, qui recouvrait également les tabourets et les banquettes. Les rideaux des fenêtres étaient de damas ou de taffetas blanc brodé d'or au chiffre du Roi et bordé de franges d'or.

Le mobilier, en argent ciselé, était l'œuvre des plus grands orfèvres du temps, comme Claude Ballin : il comprenait des lustres, des candélabres, des flambeaux, des chenêts, des tables, des tabourets, des guéridons supportant des giran-doles, etc. Ce fastueux mobilier, encore plus précieux par le travail que par la matière, fut fondu à deux reprises, en 1689 et en 1709, pour subvenir aux dépenses de la guerre; il fut alors remplacé par un mobilier en bois sculpté et doré, qui devait être dispersé à la Révolution.

En 1710, le Grand Appartement fut augmenté du côté de l'est, par la création d'une nouvelle salle, le salon d'Hercule, communiquant avec le salon de la chapelle.

Le salon d'Hercule[5]
(18,32 m × 13,85 m × 11,57 m)

Il occupe l'emplacement de la quatrième chapelle du château, édifiée en 1682 et démolie en 1710, après l'achèvement de celle que l'on vient de voir: un plancher fut établi au niveau des anciennes tribunes, rendant ainsi plus commode la communication entre le corps central du château et l'aile du Nord.

La décoration de ce nouveau salon entreprise en 1712 sous la direction de Robert de Cotte fut interrompue par la mort de Louis XIV en 1715 et la Régence, reprise en 1729 et achevée en 1736.

Le lambris de marbre, avec ses pilastres jumelés, annonce le décor de la galerie des Glaces, située à l'autre extrémité du Grand Appartement; la qualité exceptionnelle de ces marbres et la splendeur des bronzes de la cheminée, ciselés par Antoine Vassé, contribuent à faire de ce salon l'une des plus belles salles du château (fig. 19). Mais ce sont sans doute les peintures qui retiennent par-dessus tout l'attention.

19
Le salon d'Hercule

19

On peut dire que la décoration tout entière a été conçue en fonction du grand tableau de Paolo Véronèse qui occupe tout un côté de la salle. *Le Repas chez Simon*, exécuté par le grand peintre vénitien pour le réfectoire du couvent des Servi, avait été offert à Louis XIV en 1664 par la République de Venise (fig. 20). Placé ici dans un superbe cadre sculpté par Jacques Verberckt, auteur également de celui du tableau de la cheminée, *Eliezer et Rébecca* par Véronèse, il a inspiré les architectures feintes et les harmonies colorées du plafond.

Ce plafond, l'un des plus vastes du monde, est aussi, par l'habileté de sa composition, l'élégance des figures et la fraîcheur des coloris, l'un des grands chefs-d'œuvre de la peinture décorative française. François Le Moyne, qui le peignit de 1733 à 1736, y a représenté l'*Apothéose d'Hercule* (fig. 21) : le héros, vainqueur des vices et des monstres, monte vers l'Olympe sur un char tiré par les génies de la Vertu ; *Jupiter et Junon* entourés par les dieux et les déesses lui présentent Hébé, déesse de la Jeunesse, qui va devenir son épouse ; plus loin on remarque le groupe gracieux de *Zéphyr et Flore*, qui jouent avec une guirlande tressée par les Amours ; l'*Aurore*, entourée d'étoiles, et *Iris*, reconnaissable à son arc-en-ciel, conduisent le regard vers le groupe des *Muses* que dominent *Apollon et le Génie des Beaux-Arts*. Ce bel ensemble suscita l'admiration des contemporains, et Louis XV donna à Le Moyne la charge de Premier peintre ; mais, quelques mois plus tard, épuisé par le travail et atteint de neurasthénie, le malheureux artiste se suicidait.

20

21

Le salon d'Hercule fut inauguré le 26 janvier 1739, par un «bal paré», donné à l'occasion du mariage de la fille aînée de Louis XV avec un Infant d'Espagne. Il était éclairé, ce soir-là, par sept lustres de cristal de roche, cent neuf girandoles et quatre tiges de vingt-cinq lys dorés portant des bougies et des festons de cristaux. Cinquante musiciens en dominos bleus étaient placés devant la cheminée; des gradins recouverts de tapis cramoisis avaient été dressés devant le Véronèse pour les dames de la cour ne dansant pas et dans l'embrasure des fenêtres pour les dames venues de Paris. Le cortège royal arriva à sept heures du soir au son des instruments. Louis XV portait un habit de velours bleu ciselé et une veste de brocart d'or, dont les boutons, comme sa plaque du Saint-Esprit, étaient en diamants. La reine Marie Leszczinska avait revêtu un grand habit de cour à fond blanc, brodé de colonnes torses en or et semé de fleurs de soie. Son corsage était entièrement garni de pierreries, elle portait un collier de gros diamants d'où pendait le «Sancy», et le «Régent» étincelait dans sa coiffure. Après le bal paré, on servit une collation dans des bassins de vermeil; puis, un bal masqué se déroula jusqu'au matin dans le Grand Appartement, où jouaient trois cents musiciens vêtus de dominos de diverses couleurs.

La porte située à gauche du grand tableau de Véronèse ouvre sur le nouveau Grand Degré du Roi, dont on a vu précédemment le départ.

20
Paolo Veronese
le Repas chez Simon,
1576

21
François Le Moyne
l'Apothéose
d'Hercule, 1733-1736

Le salon de l'Abondance[6]
(8,65 m × 7,56 m × 7,55 m)

Ce petit salon (fig. 22), aménagé en 1680, servit longtemps de vestibule au Cabinet des curiosités ou des raretés, auquel on accédait par la porte du fond en gravissant cinq marches. Dans ce cabinet, qui deviendra sous Louis XVI le salon des Jeux du Roi, Louis XIV conservait quelques-uns de ses tableaux les plus rares, des objets d'art exposés aujourd'hui au Louvre, et surtout sa célèbre collection de médailles d'or enfermée dans douze médailliers à incrustations de cuivre et d'écaille, et conservée actuellement au Cabinet des Médailles de la Bibliothèque nationale.

Le plafond a été peint par René-Antoine Houasse, qui a représenté, au pourtour, les objets les plus précieux du Cabinet des raretés, en particulier la «nef» du Roi et au centre, *la Magnificence royale* et *le Progrès des Beaux-Arts*.

Les quatre bustes de bronze proviennent des anciennes collections royales. Les portraits sont ceux des descendants de Louis XIV : de part et d'autre de la porte *le Dauphin*, son fils, et le *duc de Bourgogne*, l'aîné de ses petits-fils, par Hyacinthe Rigaud ; à gauche, son deuxième petit-fils, *le Roi d'Espagne Philippe V*, également par Rigaud (fig. 23) ; à droite, son arrière-petit-fils, *Louis XV*, par Jean-Baptiste Van Loo.

22

23

22
Le salon de
l'Abondance

23
Hyacinthe Rigaud
Philippe V, 1700

Les soirs d'appartement, le salon de l'Abondance était réservé au buffet. On y dressait trois tables chargées de vases d'or et d'argent contenant chocolat, thé, café, limonade, eaux glacées, sorbets et liqueurs diverses.

Le salon de Vénus[7]
(13,27 m × 8,90 m × 7,38 m)

Ce salon constituait, sous Louis XIV, l'entrée principale du Grand Appartement: la porte du fond, à gauche, ouvrait sur l'escalier des Ambassadeurs détruit en 1752 (fig. 24) qui aboutissait également au salon suivant. Le sol était alors dallé de marbres de différentes couleurs.

Les murs sont lambrissés de marbre et des colonnes ioniques en marbre de Rance encadrent les portes du fond (fig. 25). Les mêmes colonnes, peintes en trompe-l'œil, se retrouvent dans les perspectives feintes dont Jacques Rousseau a décoré les petits côtés de la salle et qui semblent en augmenter les dimensions (fig. 26). Le même peintre est l'auteur des statues en trompe-l'œil qui sont placées entre les fenêtres et qui représentent *Méléagre* et *Atalante*.

Dans la niche du fond, se dresse une statue de Louis XIV en costume à l'antique, par Jean Warin. Six bustes antiques complètent la décoration (fig. 27).

Le plafond a été peint par Houasse. Au centre, il a représenté *Vénus qui assujettit à son empire les divinités et les puissances*; de part et d'autre, deux médaillons feints de bronze doré figurent *les Enlèvements d'Europe et d'Amphitrite*; dans les angles, des couples d'amants célèbres: *Thésée et Ariane, Jason et Médée, Antoine et Cléopâtre, Titus et Bérénice*.

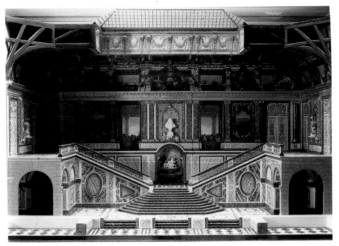

24

25

27

26

24
L'escalier des
Ambassadeurs
(maquette)

25
Le salon de Vénus

26
Jacques Rousseau
Perspective feinte,
1677

27
Jean Warin
*Louis XIV en costume
à l'antique*

Les tableaux des voussures sont autant d'allusions à des événements contemporains : *Auguste présidant les jeux du cirque* (carrousel de 1662) ; *Nabuchodonosor et Sémiramis font élever les jardins suspendus de Babylone* (travaux dans les maisons royales) ; *Alexandre épouse Roxane* (mariage du Roi) ; *Cyrus s'arme pour secourir une princesse* (guerre de Dévolution ou des Droits de la Reine). Ces tableaux semblent posés sur des bas-reliefs feints : sur les petits côtés, *Apollon et Daphné* et *Pan et Syrinx* ; sur les grands côtés, quatre enlèvements symbolisant *les Quatre Eléments*.

Les soirs d'appartement, la collation était présentée sur des tables chargées de bassins d'argent contenant les confitures, les fruits naturels et les fruits confits.

Le salon de Diane[8]
(10,34 m × 8,70 m × 7,55 m)

Comme la salle précédente, ce salon servait d'accès au Grand Appartement et la porte du fond à droite ouvrait sur la seconde volée de l'escalier des Ambassadeurs. Le sol, à l'origine, était dallé de marbres de différentes couleurs.

Les murs sont revêtus de marbres de Campan et de Rance sur fond de marbre blanc (fig. 30).

28

29

30

Au centre du plafond, *Diane, accompagnée par les Heures nocturnes et les Heures fraîches du matin, préside à la chasse et à la navigation*, par Gabriel Blanchard ; dans les voussures : *Jason et les Argonautes* et *Alexandre chassant le lion* par Charles de La Fosse ; *Cyrus chassant le sanglier* et *Jules César envoyant une colonie romaine à Carthage* par Claude Audran. Sur la cheminée, décorée d'un petit bas-relief représentant *la Fuite en Egypte* et attribuée à Jacques Sarrazin, *le Sacrifice d'Iphigénie* (fig. 28) par La Fosse ; en face, *Diane et Endymion*, par Blanchard. Au-dessus des portes, bas-reliefs feints d'or : *Diane et Actéon, Diane protégeant Aréthuse, Sacrifice à Diane* et *Offrande de fleurs*.

Au fond de la salle, sur un socle orné de bronzes fondus par les frères Keller, est placé le buste de Louis XIV que Lorenzo Bernini exécuta en 1665 : cette sculpture, d'une facture éblouissante, est l'un des chefs-d'œuvre du grand artiste romain et, sans doute, le plus beau portrait du Roi dans sa jeunesse (il avait alors vingt-sept ans) (fig. 29). Les deux bustes antiques qui l'encadrent et les quatre bustes en porphyre d'empereurs romains étaient à la même place avant la Révolution.

Le salon de Diane servait de salle de billard, et l'on sait que Louis XIV était passé maître à ce jeu.

Le salon de Mars[9]
(17,53 m × 9,20 m × 7,58 m)

C'est avec cette salle (fig. 31) que commençait véritablement le Grand Appartement, pendant les quelque dix années où le Roi l'habita. C'était la salle des Gardes, et cette destination explique le caractère guerrier de la décoration.

Au centre du plafond, *Mars sur son char tiré par des loups, accompagné du Génie de la Guerre et de l'Histoire écrivant sous la dictée de la Renommée*, par Audran ; à gauche, *la Victoire soutenue par Hercule et suivie de l'Abondance et de la Félicité*, par Jouvenet ; à droite, *la Terreur, la Fureur et l'Ire poussent la Crainte et la Pâleur*, par Houasse.

Les bas-reliefs feints de bronze doré des voussures sont des allusions au rétablissement de la discipline et à la justice militaire du Roi : *César passant ses troupes en revue*, par Audran ; *Cyrus haranguant ses troupes*, par Jouvenet ; *Démétrius prenant une ville d'assaut*, par Audran ; *le Triomphe de Constantin* et *Alexandre Sévère dégradant un officier*, par Houasse ; *Marc Antoine faisant Albinus consul*, par Jouvenet.

Dans les angles, de magnifiques stucs dorés : deux trophées évoquant l'alliance de l'Empire, de l'Espagne et de la Hollande contre la France ; un trophée naval rappelant le commerce établi dans toutes les Indes ; un trophée d'armes turques, commémorant la victoire du Saint-Gothard.

28
Charles de La Fosse
*le Sacrifice
d'Iphigénie*, 1712

29
Lorenzo Bernini
Louis XIV, 1665

30
Le salon de Diane

31

33

32

Au-dessus des portes, quatre peintures de Simon Vouet : *la Justice, la Tempérance, la Force* et *la Prudence*, exécutées avant 1638 pour le château de Saint-Germain, remplacent les tableaux de Titien qui s'y trouvaient autrefois.

Au-dessus de la cheminée, *David jouant de la harpe* par le Dominiquin. Sous l'Ancien Régime, ce tableau était accroché, pendant l'hiver, dans l'alcôve de la chambre du Roi.

Lorsque le Roi, en 1684, cessa d'habiter cet appartement, on établit, de part et d'autre de la cheminée, deux tribunes de marbre pour les musiciens car, les soirs d'appartement, le salon de Mars était réservé à la musique. Ces tribunes furent supprimées en 1750 et le salon prit alors son aspect actuel : deux fausses portes furent créées en symétrie des vraies, et les murs furent tendus d'un damas cramoisi galonné d'or.

Deux grands tableaux ont retrouvé leur place de part et d'autre de la cheminée : *la Famille de Darius aux pieds d'Alexandre*, par Charles Le Brun (fig. 32) et *les Pèlerins d'Emmaüs*, copie ancienne de la peinture originale de Véronèse, aujourd'hui au Louvre. Sur les petits côtés de la salle, dans des bordures aux armes royales, portraits de *Louis XV* et de *la reine Marie Leszczinska* (fig. 33), tous deux par Carle Van Loo.

Le beau tapis de la Savonnerie a été exécuté sous Louis XIV, comme ceux des salons suivants, pour la Grande Galerie du Louvre.

Le salon de Mercure[10]
(10,25 m × 9,93 m × 7,58 m)

D'abord antichambre, cette salle devint ensuite la « chambre du Lit » où l'on voyait un lit de parade entièrement brodé d'or. Le reste du mobilier était en argent : la balustrade du lit et ses huit candélabres, le lustre, les chenêts, la table placée entre les fenêtres et la bordure du miroir qui la surmontait. Les murs étaient tendus de deux brocarts alternés, l'un à fond d'or et l'autre à fond d'argent, sur lesquels étaient accrochés, entre autres *les Pèlerins d'Emmaüs* et *la Mise au tombeau*, de Titien, aujourd'hui au Louvre.

Le plafond a été peint par Jean-Baptiste de Champaigne : au centre, *Mercure sur son char avec l'Etoile du matin, les Arts et les Sciences*; dans les tableaux de la voussure, *Alexandre recevant une ambassade d'Indiens, Ptolémée s'entretenant avec des savants, Auguste recevant une ambassade d'Indiens* et *Alexandre faisant apporter des animaux du monde entier pour qu'Aristote les décrive* (allusion à la construction de la Ménagerie dans le parc de Versailles); dans les angles, des figures de femmes et d'enfants suspendant à des guirlandes de fleurs des médaillons en camaïeu où sont symbolisées *l'Adresse du corps, la Connaissance des Beaux-Arts, la Justice royale* et *l'Autorité royale*.

31
Le salon de Mars

32
Charles Le Brun
la Famille de Darius aux pieds d'Alexandre, 1660

33
Carle Van Loo
la Reine Marie Leszczinska, 1747

34

35

Au-dessus des portes, *Acis et Galatée* par Michel Corneille, et *Apollon et Daphné* par Antoine Coypel; ces deux tableaux proviennent du château de Meudon, résidence du Dauphin.

Sur le damas cramoisi, qui restitue l'état de ce salon au XVIIIe siècle, sont accrochés les portraits de Louis XV par Hyacinthe Rigaud en 1730 (fig. 34, 35) et de Marie Leszczinska par Louis Tocqué en 1740. La tapisserie du fond fait partie de la tenture de «l'Histoire du Roi», tissée aux Gobelins; elle représente l'*Audience donnée par Louis XIV au légat du pape à Fontainebleau le 29 juillet 1664.*

La pendule à automates, exécutée par l'horloger Antoine Morand et offerte par lui à Louis XIV en 1706, se trouvait dans cette salle au XVIIIe siècle. On y expose aujourd'hui le lit commandé par Louis-Philippe en 1834 pour la chambre de Louis XIV.

Les soirs d'appartement, ce salon était réservé au jeu de la famille royale. Le duc d'Anjou, petit-fils de Louis XIV, proclamé roi d'Espagne le 16 novembre 1700, occupa cette chambre pendant trois semaines avant de gagner son nouveau pays.

34
Hyacinthe Rigaud
Louis XV, 1730

35
Hyacinthe Rigaud
Louis XV (détail), 1730

36
Le salon d'Apollon

Le salon d'Apollon[11]
(10,25 m × 9,90 m × 7,50 m)

Cette salle était autrefois la plus somptueuse de tout le Grand Appartement : rien d'étonnant à cela puisqu'elle fut d'abord la chambre du Roi avant de devenir la salle du Trône, lorsque le lit royal eut été transféré dans la pièce précédente. Elle garde encore d'importants témoins de son ancienne splendeur : les marbres (sérancolin, vert de mer et marbre de Gênes) et le plafond (fig. 36).

Celui-ci est sans doute le chef-d'œuvre de Charles de La Fosse, dont il illustre le talent de coloriste. Au centre, on voit *Apollon sur son char, accompagné par la figure de la France et le cortège des Saisons*; dans les angles, les allégories des *Quatre Continents*. Les tableaux des voussures représentent *Coriolan levant le siège de Rome, Vespasien faisant élever le Colisée, Auguste bâtissant le port de Misène* (allusion à la construction du port de Rochefort), et *Porus conduit devant Alexandre*. La beauté des stucs d'encadrement contribue à la richesse de ce plafond, en particulier les gracieuses figures des Muses qui soutiennent la bordure du tableau central.

En dessus-de-porte, sont placés une *Allégorie à la naissance du Dauphin* par Blanchard, et un tableau par Bonnemère représentant *la Renommée portant la gloire du Roi dans les quatre parties du monde*.

36

37

37
Hyacinthe Rigaud
Louis XIV, 1701

38
Toussaint Foliot
guéridon, 1769

39
Le salon de la Guerre

Le damas du temps de Louis XV ne peut effacer le souvenir des tentures extraordinaires qui, à l'époque de Louis XIV, couvraient les murs de la salle du Trône : l'hiver, c'était un velours cramoisi scandé par des termes en broderie d'or et d'argent entre lesquels on accrochait des tableaux, en particulier la *Thomyris* de Rubens et *les Travaux d'Hercule*, de Guido Reni, aujourd'hui au Louvre ; l'été, c'était la fameuse tenture de la Paix, composée d'une suite de broderies d'or, d'argent et de soies de couleurs, séparées par des pilastres d'or et d'argent.

Le trône était un meuble d'argent, haut de près de trois mètres : il était placé au fond de la salle, sur une estrade et sous un dais dont on voit encore les pitons. C'est dans cette salle que le Roi accordait ses audiences ordinaires ; mais lorsqu'il recevait une ambassade extraordinaire, le trône était transporté dans la galerie des Glaces. Les soirs d'appartement, le salon d'Apollon était réservé à la danse ; le Roi, qui était lui-même un excellent danseur, y assistait volontiers, familièrement assis sur les marches du trône.

La cheminée était surmontée en toute saison du portrait de *Louis XIV en costume royal*, peint par Rigaud en 1701 et conservé aujourd'hui au Louvre ; l'exemplaire qui l'a remplacé est également l'œuvre de Rigaud, et le Roi le destinait à son petit-fils le roi d'Espagne (fig. 37). En face, portrait de *Louis XVI* par Callet.

Les six guéridons en bois doré faisaient partie d'une série de vingt-quatre guéridons exécutés en 1769 pour la galerie des Glaces par Toussaint Foliot (groupes d'enfants) (fig. 38) et Augustin Pajou (femmes tenant des cornes d'abondance).

38

Le salon de la Guerre[12]
(10,26 m × 10,26 m × 11,50 m)

Ce fut d'abord le grand cabinet du Roi ou cabinet de Jupiter, où Louis XIV tenait conseil. Il était alors orné de peintures relatives à l'histoire de Jupiter et à la Justice du prince. Tous ces tableaux furent transportés dans la nouvelle salle des Gardes de la Reine lorsqu'on entreprit la construction de la galerie des Glaces, et le salon prit alors l'aspect qu'il a conservé jusqu'à nos jours (fig. 39).

Son décor et celui du salon de la Paix qui lui est symétrique, sont en effet étroitement liés à celui de la galerie des Glaces qu'ils encadrent. Ces trois salles, qui occupent toute la façade ouest du corps central du château, forment un ensemble homogène et terminent dans une véritable apothéose l'enfilade du Grand Appartement. Les murs en sont entièrement revêtus de marbres précieux, ornés de trophées en bronze doré, et de miroirs. A une époque où les miroirs étaient relativement petits et coûtaient fort chers, c'était un témoignage de magnificence inouïe que de décorer trois salles, qui ont près de cent mètres de long, presque uniquement avec des glaces ; c'était aussi la preuve que désormais la France, avec la Manufacture royale de Saint-Gobain, avait ravi à Venise son antique monopole.

39

Charles Le Brun s'était réservé la décoration des voûtes de la galerie et des deux salons. Ces peintures, qui retracent les grandes actions du règne, du début du règne personnel (1661) à la paix de Nimègue (1678), sont le chef-d'œuvre du Premier peintre et le modèle achevé d'un grand décor monarchique.

Au centre de la coupole, la figure de *la France, portant sur son bouclier le portrait de Louis XIV,* est entouré de Victoires dont l'une présente l'écusson de Strasbourg, réunie à la France en 1681. Dans les voussures, sont représentées *Bellone,* déesse des combats, et les trois puissances qui s'étaient unies en 1672 pour combattre la France : l'Empire, l'Espagne et la Hollande.

Les masques et les guirlandes, placés en dessus-de-porte, symbolisent les Quatre Saisons ; mais on remarquera surtout les trophées de bronze doré qui ornent les trumeaux et dont l'admirable ciselure est due à l'orfèvre Ladoireau.

Au-dessus de la cheminée, dont l'ouverture est fermée par un bas-relief représentant *Clio écrivant l'histoire du Roi,* est placé le superbe relief en stuc où Antoine Coysevox a figuré *Louis XIV victorieux et couronné par la Gloire* ; ce médaillon ovale repose sur des captifs enchaînés de fleurs, et il est surmonté de Renommées soutenant la couronne royale. En 1725, on songea à remplacer le grand médaillon de Coysevox par un haut-relief commandé aux frères Coustou ; mais sans doute leur ouvrage fut-il jugé inférieur en qualité à celui de Coysevox, car il ne fut jamais mis en place ; c'est Louis-Philippe qui, un siècle plus tard, lui affecta son emplacement définitif en l'intégrant dans le décor du vestibule de la chapelle.

Devant les trumeaux, sont placés trois des six bustes d'empereurs romains en porphyre, marbre et bronze doré, qui s'y trouvaient autrefois.

La Grande Galerie ou galerie des Glaces[13]

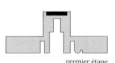

premier étage

Cette vaste salle (73 m × 10,50 m × 12,30 m) occupe l'emplacement des deux derniers cabinets du Grand Appartement du Roi, d'une terrasse et des deux derniers cabinets du Grand Appartement de la Reine. Le cabinet de Saturne ou petite chambre correspondait aux deux premières fenêtres de la galerie, le cabinet de Vénus aux deux suivantes ; cette dernière pièce ouvrait par trois portes-fenêtres sur la terrasse qui correspondait donc aux neuf fenêtres centrales : dallée de marbre blanc, noir et rouge, cette terrasse comportait en son centre un bassin orné d'un groupe d'enfants en plomb doré.

La galerie (fig. 40), construite en 1678 par Jules Hardouin-Mansart, reçut en 1679 son revêtement de marbre ; les sculpteurs achevèrent leur travail en 1680 et Le Brun peignit la voûte de 1681 à 1684.

40

4 1

40
La galerie des Glaces

4I
Pierre Ladoireau
trophée de bronze,
1702

Aux dix-sept fenêtres cintrées correspondent dix-sept arcades ornées de miroirs séparés par des baguettes de cuivre ciselé et doré. Les cintres sont surmontés alternativement d'une tête d'Apollon et de la dépouille du lion de Némée. Les pilastres en marbre de Rance sur fond de marbre blanc ont des chapiteaux ornés d'une fleur de lys et de coqs gaulois, souvenir de cet «ordre français» que Le Brun avait imaginé. Des trophées de bronze doré décorent les trumeaux en marbre vert de Campan; comme ceux des salons de la Guerre et de la Paix, ils ont été ciselés par l'orfèvre Ladoireau (fig. 41).

La galerie est ornée de huit bustes d'empereurs romains en porphyre et marbre, et de huit statues dont sept antiques: *Bacchus, Vénus, la Pudicité, Hermès, la Vénus de Troas, Uranie et Némésis*; la huitième est un moulage de la célèbre *Diane chasseresse* dite *Diane de Versailles,* aujourd'hui au Louvre.

La voûte (fig. 42, voir dépliant) est le chef-d'œuvre de Charles Le Brun qui a donné libre cours à son génie inventif en multipliant les allégories, les trompe-l'œil, les perspectives feintes, les stucs réels ou feints. Les grands tableaux évoquent les épisodes les plus glorieux de la guerre de Hollande (1672-1678), tandis que les médaillons peints ou feints de bronze sur fond d'or rappellent les victoires de la guerre de Dévolution (1667-1668), ainsi que les principales réformes administratives et économiques réalisées pendant les premières années du règne: les peintures de la voûte illustrent donc toute l'œuvre civile et militaire accomplie par le Roi en moins de vingt ans.

La composition générale s'ordonne autour de la grande peinture centrale qu'il faut donc examiner d'abord. Elle montre en face des grandes puissances, *le Jeune Roi se détournant des plaisirs et des jeux pour contempler la couronne d'immortalité que lui tend la Gloire et que lui désigne Mars, dieu de la Guerre.* Il faut, de là, revenir à l'entrée du salon de la Guerre pour suivre le déroulement chronologique des événements jusqu'à l'arcade du salon de la Paix.

La galerie a connu trois mobiliers successifs: des meubles d'argent que Louis XIV envoya à la fonte en 1689 et auxquels succédèrent des meubles en bois doré; ces derniers furent à leur tour remplacés en 1769 par un nouveau mobilier qui fut dispersé à la Révolution et dont on a pu voir quelques éléments dans le salon d'Apollon.

Il faut essayer d'imaginer l'aspect qu'elle présentait au temps de sa plus grande splendeur, avec ses rideaux de fenêtres en damas blanc brodé d'or au chiffre du Roi et ses meubles d'argent: lustres, guéridons portant des girandoles de cristal, tables chargées de vases précieux, tabourets, caisses d'orangers posées sur des brancards; et lorsque, à l'occasion d'une ambassade extraordinaire, le trône d'argent était placé devant l'arcade du salon de la Paix, sous un dais et sur une estrade recouverte d'un tapis persan à fond d'or, la Grande

Galerie devenait véritablement cette « sorte de royale beauté unique dans le monde » dont parle la marquise de Sévigné.

Le mobilier actuel comprend des grands vases de porphyre et d'onyx, quatre tables supportant des vases de porphyre, et vingt-quatre guéridons qui sont la copie fidèle des originaux de 1769.

La galerie servait habituellement de salle des pas perdus. C'était aussi le passage obligé des souverains se rendant chaque matin à la chapelle, et la foule s'y pressait pour admirer le brillant cortège : on pouvait d'ailleurs saisir cette occasion pour présenter directement au Roi un « placet » ou une supplique. Mais elle constituait également le cadre incomparable des grandes fêtes de la cour : audiences extraordinaires comme celles du doge de Gênes (15 mai 1685), des ambassadeurs du roi de Siam (1er septembre 1686), de l'ambassadeur du shah de Perse (19 février 1715), de l'ambassadeur du Sultan (11 janvier 1742); bals parés ou bals masqués des mariages princiers, comme ceux du duc de Bourgogne (11 et 14 décembre 1697) et du Dauphin, fils de Louis XV (25 février 1745).

La chute de la monarchie ne lui a d'ailleurs pas retiré ce rôle historique : le 3 janvier 1805, le pape Pie VII, coiffé de la tiare, parut au balcon central pour bénir la foule amassée sur la terrasse; le 18 janvier 1871, le roi de Prusse Guillaume Ier y accepta la couronne impériale; le 28 juin 1919, y fut signé le traité qui mettait fin à la Première Guerre mondiale. De nos jours, c'est dans la Grande Galerie illuminée que sont reçus les chefs d'Etat étrangers en visite officielle.

premier étage

Le Grand Appartement de la Reine

Le Grand Appartement de la Reine, exactement symétrique à celui du Roi, comprenait à l'origine le même nombre de pièces que lui; le décor de ses plafonds était consacré aux mêmes divinités et planètes que celui des pièces correspondantes chez le Roi; seuls, les tableaux des voussures représentaient, non des héros, mais des héroïnes de l'Antiquité.

Comme chez le Roi, la construction de la galerie des Glaces fit disparaître les deux derniers cabinets de cet appartement, dont les fenêtres correspondaient aux quatre dernières fenêtres de la galerie. Par ailleurs, Marie Leszczinska et Marie-Antoinette apportèrent des modifications importantes à certaines pièces de leur Grand Appartement, de sorte que celui-ci n'a pas gardé la belle homogénéité qui caractérise celui du Roi.

Le salon de la Paix[14]
(10,26 m × 10,26 m × 11,55 m)

D'abord grand cabinet de la reine, ce salon fut complètement transformé en même temps que le salon de la Guerre. Sa nouvelle décoration fut terminée en 1686 : on y retrouve les marbres et les trophées de bronze doré des deux salles précédentes, mais les instruments de musique de l'attique s'accordent au thème pacifique du décor général (fig. 43).

Ce sont en effet les bienfaits de la Paix que Le Brun s'est attaché à évoquer dans les peintures de la coupole : *la France victorieuse offrant un rameau d'olivier aux Puissances qui s'étaient unies contre elle;* elle est assise sur un char attelé de tourterelles symbolisant les mariages princiers qui viennent de l'unir à la Bavière et à l'Espagne. Dans les voussures, on peut voir l'Allemagne, l'Espagne et la Hollande reprendre avec joie leurs occupations traditionnelles, tandis que l'Europe chrétienne trône sur des monceaux d'armes ottomanes symbolisant les récentes victoires contre les Turcs.

C'est également la Paix que Louis XV offre à l'Europe dans le charmant tableau qui surmonte la cheminée et que François Le Moyne a peint en 1729 : le jeune souverain, dans tout l'éclat de ses dix-neuf ans, tend un rameau d'olivier et reçoit ses deux

43

fig. 42

Les peintures de la voûte

*1. Alliance de l'Allemagne et de l'Espagne avec la Hollande, 1672.

2. La Hollande secourue contre l'évêque de Munster, 1665.

3. Soulagement du peuple pendant la famine, 1662.

4. Réparation de l'attentat des Corses, 1664.

*5. Passage du Rhin en présence des ennemis, 1672.

*6. Le Roi prend Maëstricht en treize jours, 1673.

7. Défaite des Turcs en Hongrie par les troupes du Roi, 1664.

8. La fureur des duels arrêtée, 1662.

9. La prééminence de la France reconnue par l'Espagne, 1662.

*10. Le Roi donne ses ordres pour attaquer en même temps quatre des plus fortes places de la Hollande, 1672.

*11. Le Roi arme sur terre et sur mer, 1672.

12. Rétablissement de la navigation, 1663.

13. Guerre contre l'Espagne pour les droits de la Reine, 1667.

14. Réformation de la Justice, 1667.

*15. Le Roi gouverne par lui-même, 1661.

*16. Faste des puissances voisines de la France.

17. L'ordre rétabli dans les Finances, 1662.

18. La paix conclue à Aix-la-Chapelle, 1668.

19. Protection accordée aux Beaux-Arts, 1663.

*20. La Franche-Comté conquise pour la seconde fois, 1674.

*21. Résolution prise de faire la guerre aux Hollandais, 1671.

22. Etablissement de l'hôtel royal des Invalides, 1674.

23. Acquisition de Dunkerque, 1662.

24. Ambassades envoyées des extrémités de la terre.

*25. Prise de la ville et citadelle de Gand en six jours, 1678.

*26. Mesures des Espagnols rompues par la prise de Gand.

27. Renouvellement d'alliance avec les Suisses, 1663.

28. Police et sûreté établies dans Paris, 1665.

29. Jonction des deux mers, 1667.

*30. La Hollande accepte la paix et se détache de l'Allemagne et de l'Espagne, 1678.

* Peinture reproduite

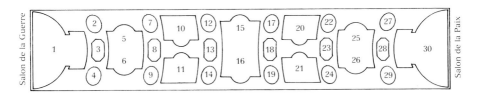

2

1   3

                     4

5

6

Thérèse et Marie Leszczinska, et deux Dauphines, Marie-Anne de Bavière et Marie-Adélaïde de Savoie, y sont mortes; dix-neuf enfants de France y sont nés, parmi lesquels les futurs Louis XV et Louis XVII (fig. 45).

Il ne subsiste rien du décor créé pour Marie-Thérèse. L'admirable décoration actuelle fut exécutée pour Marie Leszczinska, de 1730 à 1735, sous la direction de Robert de Cotte et de Jacques Gabriel. Les boiseries sont l'œuvre de Degoullons, Le Goupil et Verberckt; les bordures des glaces et des dessus-de-porte sont particulièrement remarquables.

Marie Leszczinska avait souhaité avoir constamment sous les yeux les portraits de ses enfants, alors au nombre de cinq: aussi voit-on, en dessus-de-porte, *le Dauphin et ses deux sœurs aînées, Mesdames Elisabeth et Henriette*, par Jean-François de Troy; et, en face, *Mesdames Adélaïde et Victoire*, par Natoire.

Le plafond, dont les divisions sont encore celles du temps de Marie-Thérèse, est orné de grisailles d'or aux chiffres entrelacés du Roi et de la Reine, et de quatre médaillons en camaïeu où François Boucher a représenté des figures de Vertus: *la Charité, l'Abondance, la Fidélité et la Prudence*. Les stucs des angles ont été refaits pour Marie-Antoinette en 1770: on y voit les armes de France et de Navarre alterner avec l'aigle

45

filles aînées des mains de la Fécondité et de la Piété; dans le fond, la Discorde s'efforce vainement de rouvrir les portes du temple de Janus (fig. 44).

Le salon de la Paix fut toujours considéré comme faisant partie intégrante du Grand Appartement de la Reine : d'ailleurs, dès 1712, on plaça dans l'arcade le séparant de la galerie un panneau et une porte mobiles qu'on pouvait enlever aisément lorsqu'on voulait rétablir la perspective.

Il servait de salon des Jeux à la Reine. Marie Leszczinska y donnait chaque dimanche des concerts de musique sacrée ou profane qui jouèrent un rôle important dans la vie musicale de Versailles. Marie-Antoinette y tenait son jeu et c'est elle qui fit placer dans la cheminée le beau «feu» en bronze ciselé et doré sur un modèle de Boizot.

La chambre de la Reine[15]
(10 m × 9,45 m × 7,50 m)

C'était la pièce la plus importante du Grand Appartement de la Reine et la souveraine y passait la majeure partie de son temps : chaque matin, à son lever, elle y recevait les dames de la cour; elle y accordait ses audiences privées, et surtout elle y mettait au monde l'héritier du trône. Deux reines, Marie-

44

43
Le salon de la Paix

44
François Le Moyne
*Louis XIV offrant la
paix à l'Europe*, 1729

LA FRANCHE-COMTÉ
CONQVISE POVR LA SECONDE
FOIS, 1674.

20

22

23

21

24

25

26

27

28

29

30

FASTE
DES PUISSANCES VOISINES
DE LA FRANCE.

LE ROY
GOUVERNE
PAR LUI MÊME

46

47

bicéphale du Saint Empire. C'est également Marie-Antoinette qui a fait placer au-dessus des miroirs les portraits en tapisserie des Gobelins de sa mère l'impératrice Marie-Thérèse, de son frère Joseph II et de son époux Louis XVI (ce dernier remplacé aujourd'hui par une peinture).

La cheminée en griotte ornée de bronzes ciselés par Forestier date de 1786 (fig. 46). Elle est surmontée d'un buste de Marie-Antoinette exécuté en 1783 par Félix Lecomte. Le coffre à bijoux de la Reine a été livré en 1787 par Schwerdfeger; c'est un meuble fastueux en acajou, nacre et bronze doré (fig. 47).

La chambre a été restituée dans l'état où elle était le 6 octobre 1789, lorsque Marie-Antoinette la quitta pour n'y plus revenir. La tenture d'alcôve, un lampas à fond blanc broché de bouquets de lilas et de plumes de paon, a été retissé dans la manufacture de Lyon qui l'avait livré en 1787; le lit «à la Duchesse», entièrement brodé, a été scrupuleusement reconstitué d'après les documents d'archives, à l'exception de la courtepointe qui est originale; les broderies des sièges ont été également refaites, mais les bois d'origine ayant disparu, elles ont été placées sur deux fauteuils ayant appartenu à Louis XVI et sur huit pliants dont quatre provenant de la chambre de la comtesse d'Artois, belle-sœur de la Reine. Le balustre a été reconstitué en s'inspirant des documents d'archives et le tapis d'alcôve a été copié sur le tapis original.

45
La chambre
de la Reine

46
La cheminée
de la chambre
de la Reine

47
Ferdinand
Schwerdfeger
le serre-bijoux de la
reine Marie-
Antoinette, 1787

Les deux portes sous tenture donnent accès aux cabinets intérieurs de la Reine, une quinzaine de petites pièces réservées à la vie privée de la souveraine et aux nécessités de son service. C'est par la porte de gauche que Marie-Antoinette s'enfuit, au matin du 6 octobre 1789, pour échapper aux émeutiers qui avaient envahi son appartement.

La pièce des Nobles[16]
(9,78 m × 9,42 m × 7,53 m)

D'abord antichambre de la reine Marie-Thérèse, cette salle devint par la suite le grand cabinet. C'est ici que Marie Leszczinska tenait son cercle et accordait ses audiences solennelles, assise sur un fauteuil placé sur une estrade et sous un dais dont on peut voir encore les pitons. C'est également ici qu'avait lieu la présentation à la Reine des femmes de qualité (fig. 48).

Le plafond, peint par Michel Corneille, est tout ce qui subsiste de la décoration primitive. Au centre, *Mercure avec l'Eloquence, la Poésie, la Géométrie et les Sciences dont il fut l'inspirateur répand son influence sur les Arts*; dans les angles les figures de *la Vigilance*, de *l'Immortalité*, du *Commerce* et de *la Diligence* avec des Amours en stuc dont les attributs symbolisent le *Commerce*, l'*Eloquence*, les *Sciences* et les *Arts*. Les tableaux des voussures représentent *Sapho jouant de la lyre, Pénélope faisant de la tapisserie, Aspasie et les philosophes de la Grèce*, et *Césisène cultivant la peinture*.

En 1785 Marie-Antoinette renouvela complètement la décoration murale et le mobilier de ce salon pour les mettre au goût du jour. Les murs furent alors tendus d'un damas «vert pomme» bordé d'un large galon d'or. Pour orner les dessus-de-porte, Jean-Baptiste Regnault peignit deux tableaux : *l'Origine de la Peinture* et *Pygmalion priant Vénus d'animer sa statue*. Riesener livra trois commodes (fig. 49) et deux encoignures dont Gouthière cisela les bronzes, semblables à ceux qu'il exécuta également pour la cheminée de marbre bleu turquin.

Le grand portrait de *Louis XV* en costume royal, exécuté en tapisserie par Cozette d'après un tableau de Louis-Michel Van Loo, occupait le même emplacement au temps de Marie-Antoinette. Il est encadré aujourd'hui par des tableaux de François Boucher : *la Pêche, Vénus et Vulcain, Neptune et Amymone*, et *la Diseuse de bonne aventure*.

Sur la cheminée, sont placés une pendule et deux candélabres provenant du boudoir turc du comte d'Artois ; sur la commode lui faisant face, un tabouret chinois en porcelaine (époque Ming) montée en bronze.

48

49

48
La pièce des Nobles

49
Jean-Henri Riesener
commode, 1786

L'antichambre du Grand Couvert[17]
(15,53 m × 8,80 m × 7,47 m)

Ce fut d'abord la salle des Gardes de la Reine, ce qui explique la décoration guerrière du plafond, qu'il faut rapprocher de celui de la salle correspondante du Grand Appartement du Roi, le salon de Mars. La peinture centrale, œuvre de Vignon, a disparu; elle est remplacée par une copie ancienne de *la Tente de Darius*, de Le Brun, dont on a vu l'original dans le salon de Mars. Dans la voussure, on remarque deux petits tableaux représentant *la Fureur et la Guerre* et *Bellone brûlant le visage de Cybèle*; mais il convient surtout d'admirer les six bas-reliefs feints d'or qui sont des chefs-d'œuvre de trompe-l'œil: *Rodogune à sa toilette* par Vignon; *Artémise sur les vaisseaux de Xerxès, Zénobie combattant l'empereur Aurélien, Ipsicrate suivant son mari à la guerre* et *Clélie et ses compagnes*, tous quatre par Antoine Paillet; *Arpélie délivrant son mari*, par Vignon. Les stucs dorés des angles représentent des Amours juchés sur des trophées d'armes.

Les tableaux des dessus-de-porte, représentant des instruments de musique militaire, ont été peints en 1673 par Madeleine de Boulogne.

50
L'antichambre de la Reine

51
Elisabeth Vigée-Lebrun
la Reine Marie-Antoinette et ses enfants, 1787

52
Adélaïde Labille-Guiard
Louise-Elisabeth de France, duchesse de Parme, 1787

50

51

52

En 1680, la salle suivante fut annexée au Grand Appartement de la Reine, en compensation des pièces qu'elle perdait du fait de la construction de la galerie : elle devint la nouvelle salle des Gardes et celle-ci devint une antichambre (fig. 50).

Au XVIIIe siècle, le Roi et la Reine soupaient ici « au grand couvert » : la table était dressée devant la cheminée ; les souverains étaient assis dans des fauteuils et encadrés par les princes et princesses de la famille royale, assis sur des tabourets ; en face, adossés au mur de la salle des Gardes, se trouvaient des gradins où prenaient place les musiciens. Les courtisans assistaient au souper royal, debout ou assis selon leur rang, ainsi que tous ceux qui le souhaitaient, même les personnes plus modestes... Le « grand couvert », en effet, était public et les souverains adressaient volontiers la parole aux personnes qu'ils connaissaient. C'est ainsi que, le 1er janvier 1764, le petit Mozart, alors âgé de huit ans, se tint pendant tout le repas auprès de la reine Marie Leszczinska qui le fit manger tout en lui parlant en allemand et en traduisant à Louis XV les propos de l'enfant.

Les deux portraits de *Marie-Antoinette* sont l'œuvre d'Elisabeth Vigée-Lebrun : le premier, où elle est vêtue d'une robe blanche, date de 1779 ; le second où elle est entourée de ses enfants (Madame Royale, le Dauphin et le Duc de Normandie), de 1787 (fig. 51).

Les trois autres portraits ont été peints, également en 1787, par Adélaïde Labille-Guiard, la grande rivale de madame Vigée-Lebrun; ils représentent les tantes de Louis XVI : à droite de la cheminée, *Madame Elisabeth, duchesse de Parme,* vêtue à l'espagnole (fig. 52); et, face aux fenêtres, *Mesdames Adélaïde et Victoire.*

Sur la cheminée, est placée une copie réduite de l'*Ariane endormie,* célèbre statue antique conservée au Vatican.

La salle des Gardes[18]
(11,75 m × 11,23 m × 7,65 m)

Correspondant au salon de Diane dans le Grand Appartement du Roi, cette pièce servit quelque temps de « salon » ou palier à l'escalier de la Reine, sur lequel elle ouvre par la porte située à droite du buste de l'empereur Vespasien. Elle était alors dallée de marbre; mais en 1680, elle devint la nouvelle salle des Gardes de la Reine, et le dallage fut alors remplacé par un plancher (fig. 53).

Les peintures du plafond sont l'œuvre de Noël Coypel et proviennent de l'ancien cabinet de Jupiter, devenu salon de la Guerre en 1678. Au centre, *Jupiter accompagné de la Justice, de la Piété et de génies symbolisant la planète et ses quatre satellites.* Les tableaux de la voussure évoquent la Justice royale à travers les exemples mémorables laissés par l'Antiquité : *Ptolémée Philadelphe rend la liberté aux juifs, Alexandre Sévère fait distribuer du blé au peuple pendant une disette, Trajan rend*

53

53
La salle des Gardes
de la Reine

54
Noël Coypel
Un sacrifice à Jupiter,
1680

54

la justice et *Solon explique ses lois.* Dans les angles, une fantaisie charmante a inspiré au peintre l'idée de représenter les seigneurs et les dames de la cour se penchant au-dessus d'une balustrade feinte pour admirer le passage du cortège de la Reine.

Deux tableaux de Coypel complètent la décoration : au-dessus de la cheminée, un *Sacrifice à Jupiter* (fig. 54), et en face, *l'Enfance de Jupiter sur le mont Ida, avec la danse des corybantes, prêtres de Cybèle.*

Au matin du 6 octobre 1789, les émeutiers envahirent cette salle : l'un des gardes du corps n'eut que le temps, avant d'être abattu, d'entrouvrir la porte de l'antichambre et de crier : « Sauvez la Reine. »

La porte située à droite de la cheminée donne accès à l'escalier Fleury, ainsi appelé du nom du duc de Fleury qui, sous Louis XVI, logeait dans l'attique au-dessus du Grand Appartement de la Reine. Cet escalier permet de gagner, au rez-de-chaussée, les appartements du Dauphin, de la Dauphine et de Mesdames.

Mais on peut également compléter la visite des Grands Appartements par celle de la salle du Sacre, qui suit, de la salle de 1792, de la galerie des Batailles et de la salle de 1830 qui, en réalité, font partie des « Galeries historiques ».

La salle du Sacre – La galerie des Batailles

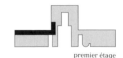

La salle du Sacre[19]
(17,32 m × 13,21 m × 10,20 m)

Cette vaste salle occupe l'emplacement de la deuxième chapelle du château. Lorsqu'en 1682, celle-ci fut transférée dans l'aile du Nord, là où se trouve maintenant le salon d'Hercule, on établit ici la 'grande salle des Gardes, où les gardes du corps se regroupaient chaque matin avant de prendre leur service aux différents postes qui leur étaient affectés dans le château. Les courtisans l'appelaient familièrement «le magasin» parce que, en temps normal, elle était encombrée par les chaises à porteurs des dames de la cour.

C'est ici que, le jeudi saint, la Reine, en souvenir de la Cène, lavait les pieds de treize petites filles pauvres et leur servait à manger. C'est ici également que Louis XV, le 13 avril 1771, tint la séance solennelle du «lit de justice» au cours de laquelle il annonça sa décision de renvoyer le Parlement. Enfin, c'est par cette salle que les émeutiers du 6 octobre 1789, qui étaient montés par l'escalier de la Reine, pénétrèrent dans l'appartement de Marie-Antoinette.

Louis-Philippe décida de consacrer cette salle à la glorification de Napoléon Ier, et c'est alors qu'elle reçut son décor actuel. Au centre du plafond, une *Allégorie au 18 Brumaire*, par Callet; au-dessus des portes, les figures allégoriques du *Courage*, du *Génie*, de la *Générosité* et de la *Constance*, par

55
Jacques-Louis David
le Sacre, 1808-1822

55

Gérard. Entre les fenêtres, les portraits de *Napoléon* en Premier consul et en empereur, et ceux des impératrices *Joséphine* et *Marie-Louise*.

Les trois grands tableaux qui couvrent les murs sont particulièrement célèbres. Au fond, *la Bataille d'Aboukir*, commandée à Gros par Joachim Murat qui est représenté au centre, chargeant les Turcs. Les deux autres peintures sont l'œuvre de Jacques-Louis David : à gauche, *le Sacre* (fig. 55), ou plutôt *le Couronnement de l'impératrice Joséphine, à Notre-Dame de Paris, le 2 décembre 1804*; et *le Serment de l'armée à l'Empereur après la distribution des aigles, au Champ de Mars, le 5 décembre 1804*. Le tableau original du sacre, d'abord placé ici, fut envoyé au musée du Louvre en 1889; il est remplacé par la réplique commencée par David lui-même en 1808 et terminée seulement en 1822, alors qu'il vivait en exil à Bruxelles.

On traverse une petite salle où Louis-Philippe avait placé des tableaux représentant des épisodes des guerres de la Révolution[20].

La salle de 1792[21]
(18,65 m × 8,25 m × 7,50 m)

Cette pièce, qui est symétrique au salon d'Hercule, assure la communication entre le corps central du château et l'aile du Midi. C'était, sous Louis XV, le salon des Marchands, qui y dressaient leurs éventaires, et sous Louis XVI, la salle des Cent Suisses.

Louis-Philippe lui a donné son aspect actuel en y réunissant les portraits des héros des guerres de la Révolution et de l'Empire, portant l'uniforme et les insignes du grade qu'ils avaient en septembre 1792, lors de la proclamation de la République.

Le roi-citoyen, alors *Duc de Chartres*, y figure dans son uniforme de lieutenant-général. Les deux principaux tableaux, d'après Horace Vernet, représentent les batailles de *Valmy* (20 septembre) et de *Jemmapes* (6 novembre) auxquelles participèrent le jeune prince et son frère cadet, le duc de Montpensier qui étaient alors âgés respectivement de dix-neuf et dix-sept ans. Une charmante peinture de Léon Coignet représente le *Départ pour l'armée de la Garde nationale de Paris*, en septembre 1792.

La salle de 1792, qui est consacrée à la guerre, la galerie des Batailles, qui évoque les principales victoires de notre histoire, et la salle de 1830, qui est consacrée à la réconciliation nationale, ont été conçues par Louis-Philippe comme un triptyque correspondant à celui que forment le salon de la Guerre, la galerie des Glaces et le salon de la Paix.

L'escalier des Princes[22]

Cet escalier, dont la belle décoration sculptée date en majeure partie du XVIIᵉ siècle, relie le rez-de-chaussée et le premier étage de l'aile du Midi ou aile des Princes, où se trouvaient les appartements de certains membres de la famille royale, des enfants de France et de quelques princes du sang.

La voûte qui le couvrait à l'origine a malencontreusement été remplacée, sous Louis-Philippe, par un lourd plafond à caissons.

La galerie des Batailles
(118,88 m × 12,63 m × 13 m)

Cette galerie (fig. 56) fut établie en 1837 par Louis-Philippe, sur la hauteur de deux étages : elle occupe donc l'emplacement, au premier étage, de quatre appartements princiers dont on

56

56
La galerie des
Batailles

supprima les murs et les entresols, et au second étage, d'une dizaine d'appartements de courtisans.

Sous Louis XIV, les appartements princiers furent habités par le frère et la belle-sœur du Roi, le duc et la duchesse d'Orléans, leur fils le duc de Chartres, le futur Régent, et la duchesse de Chartres. A la fin de l'Ancien Régime, ils étaient occupés par Madame Elisabeth, sœur de Louis XVI, le comte d'Artois, son frère, et la comtesse d'Artois.

Louis-Philippe a voulu faire de cette galerie un « grandiose résumé de notre histoire militaire », de Tolbiac (496) à Wagram (1809). Parmi les trente-cinq tableaux qui couvrent les murs, il faut surtout remarquer : *Philippe-Auguste avant la bataille de Bouvines* (27 juillet 1214) par Horace Vernet, *Saint Louis à la bataille de Taillebourg* (21 juillet 1242) par Eugène Delacroix, *l'Entrée d'Henri IV à Paris* (22 mars 1594) par François Gérard, *la Bataille de Fontenoy* (11 mai 1745) par Horace Vernet et *la Bataille d'Austerlitz* (2 décembre 1805) par François Gérard.

Sur les tables de bronze, sont inscrits les noms des princes de la Maison de France, et des connétables, amiraux et maréchaux qui ont été tués au combat. Quatre-vingt-deux bustes représentent les plus connus d'entre eux.

La salle de 1830
(19 m × 10 m × 10,20 m)

Cette salle occupe l'emplacement des trois premières pièces (première et seconde antichambres, grand cabinet) de l'appartement de la duchesse d'Orléans, belle-sœur de Louis XIV qui fut plus tard habité par la sœur de Louis XVI, Madame Elisabeth.

Elle a été consacrée par Louis-Philippe aux événements qui l'ont porté au trône. On y remarque particulièrement le grand tableau dans lequel Eugène Devéria a représenté le Roi prêtant serment de maintenir la Charte, le 9 août 1830.

Une galerie de pierre, scandée par des statues et des bustes représentant quelques-uns des hommes célèbres de l'histoire de France, ramène au palier de l'escalier des Princes, par lequel s'effectue la sortie.

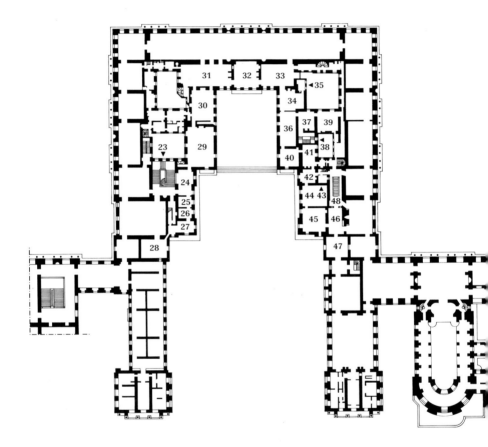

L'appartement du Roi et l'appartement intérieur

Visite sous la conduite d'un conférencier

L'appartement du Roi

premier étage

L'appartement de Louis XIII occupait la partie nord du corps du logis principal du château primitif; on y accédait par un escalier situé au centre, et il comprenait trois pièces que complétait une galerie en retour dans l'aile droite.

Pendant sa jeunesse, Louis XIV habita l'ancien appartement de son père. Mais, dès son mariage en 1660, il réaménagea le premier étage du château pour pouvoir y loger la Reine. L'escalier central fut remplacé par un salon réunissant deux appartements égaux et symétriques, celui du Roi dans l'angle nord-ouest de la cour, celui de la Reine dans l'angle sud-ouest. Chaque appartement comprenait quatre pièces : une antichambre, une chambre et deux cabinets ; il était desservi par un escalier situé au milieu de chacune des ailes. L'escalier du Roi conduisait également à une chapelle, celui de la Reine au logement du Dauphin.

La construction du château-neuf entraîna la destruction de l'un des cabinets dans chaque appartement. Ainsi réduits à trois pièces chacun, ils devinrent les Petits Appartements du Roi et de la Reine, communiquant chacun avec le grand appartement correspondant. Les souverains pouvaient se retirer dans ces «appartements de commodité» pour échapper aux servitudes de l'étiquette.

La mort de la reine Marie-Thérèse, le 30 juillet 1683, et l'achèvement de la galerie des Glaces l'année suivante, incitèrent Louis XIV à abandonner son Grand Appartement, devenu un passage public, pour s'installer dans le château-vieux. Il agrandit alors son ancien Petit Appartement du côté de l'est, et il annexa ceux de la Reine et du Dauphin, constituant ainsi un appartement d'une quinzaine de pièces principales. Dans l'esprit du Roi, il s'agissait d'une solution provisoire : en fait, et malgré les nombreuses transformations réalisées par Louis XV et Louis XVI, ce logement restera, jusqu'à la fin de l'Ancien Régime, l'appartement d'habitation du Roi.

L'escalier de la Reine[23]

Construit en 1680 pour faire pendant au Grand Degré du Roi ou escalier des Ambassadeurs, il devint rapidement l'escalier le plus fréquenté du château, puisqu'il conduisait aux appartements du Roi et de la Reine (fig. 57).

Le vestibule[24] qui y donne accès est orné d'une statue d'Apollon, commandée à Guillaume II Coustou par la marquise de Pompadour pour le château de Bellevue.

L'escalier de la Reine est entièrement décoré de marbres polychromes, à l'exception des marches qui sont en pierre. Il est orné d'une peinture représentant une *Perspective de palais avec des personnages vêtus à l'orientale*, qui est l'œuvre de Philippe Meusnier et Jean-Baptiste Blain de Fontenay; deux peintures représentant des paysages complétaient cette décoration, mais elles ont été supprimées au XIXe siècle.

Le palier du premier étage est orné d'une sculpture en plomb doré, œuvre de Massou, qui symbolise le mariage de

57
L'escalier de la Reine

57

Louis XIV et de Marie-Thérèse d'Autriche; deux amours supportent un écusson où se lisaient autrefois les chiffres entrelacés du Roi et de la Reine, et qui est surmonté par deux colombes et les flambeaux de l'Hymen.

La première porte à droite ouvre sur la salle des Gardes de la Reine, la deuxième sur la grande salle des Gardes ou salle du Sacre. La suivante, à gauche du groupe sculpté, donne accès à l'escalier de stuc qui conduit aux salles de la Révolution, du Consulat et de l'Empire. La dernière porte ouvre sur le vestibule de l'appartement du Roi.

Ce vestibule également lambrissé de marbre, est en fait une sorte de «loggia» dominant l'escalier de la Reine. Des fenêtres, on a vue sur la cour de Marbre et le château-vieux.

La porte de droite donne accès à l'appartement de la marquise de Maintenon, que la seconde épouse de Louis XIV habita de 1684 à 1715. Complètement défiguré au XIXe siècle, il n'a gardé aucune trace de son décor ancien. L'appartement comprend quatre pièces: deux antichambres[25-26] qui étaient autrefois tendues de damas cramoisi. Une chambre[27] et un grand cabinet[28]. Dans la chambre, qui était alors tapissée d'un damas cramoisi et d'un brocart vert et or, le Roi travaillait chaque soir, de cinq à dix heures, en présence de la marquise, avec un ministre différent. Pendant ce temps, les princes et les princesses de la famille royale attendaient dans le grand cabinet voisin, l'heure du souper du Roi. C'est dans ce grand cabinet, dont les murs étaient tendus d'un brocart d'or, que le Roi se plaisait à écouter les *Concerts royaux* composés à son intention par François Couperin; c'est là enfin que fut créée, en présence de quelques privilégiés, la dernière tragédie de Racine, *Athalie*.

Aujourd'hui, l'ancien appartement de madame de Maintenon sert de cadre à des expositions temporaires.

Du vestibule, le visiteur pénètre à gauche dans l'appartement du Roi.

La salle des Gardes[29]
(15,07 m × 9,95 m × 8,45 m)

Cette salle et la suivante ont été créées en 1684 à l'emplacement de deux des pièces du premier appartement du Dauphin, de l'escalier et de l'antichambre du Petit Appartement de la Reine. Pour leur donner une largeur convenable, Louis XVI a fait abattre le mur méridional du château-vieux et l'a fait reconstruire plus loin, en prenant sur la cour intérieure.

C'est dans cette pièce que se tenaient les gardes du corps chargés de la protection du Roi. Sur la cheminée, un tableau de Joseph Parrocel représente *Une bataille où figurent les gardes du corps*.

La première antichambre[30]
(12 m × 8,98 m × 8,50 m)

Elle est décorée de tableaux de Joseph Parrocel représentant des *Batailles de l'Antiquité*.

C'est ici que, tous les soirs à dix heures, Louis XIV, venant de chez madame de Maintenon, soupait « au grand couvert », en public et au son des *Symphonies pour les soupers du Roi*, de Michel-Richard de La Lande. Le Roi était assis dos à la cheminée, encadré par les membres de la famille royale.

C'est ici également que, tous les lundis matins, on disposait une table recouverte d'un tapis de velours vert, derrière laquelle un fauteuil vide symbolisait le Roi. Tous les Français qui avaient une requête à formuler ou une grâce à demander pouvaient y déposer leur « placet » ; on portait ensuite les placets au Roi, qui les annotait de sa main en indiquant la réponse à donner : c'était là comme la survivance de la tradition capétienne de la justice directe.

La seconde antichambre[31]
(18,76 m × 7,80 m × 9,70 m)

Elle occupe l'emplacement de deux pièces qui furent d'abord la chambre et l'un des deux cabinets du Petit Appartement de la Reine, puis, à partir de 1684, la chambre du Roi et sa seconde antichambre que l'on appelait également l'anti-

58

58
La seconde
antichambre du Roi
ou salon de l'Œil-
de-Bœuf

59
Jean Nocret
la Famille royale,
1670

59

chambre des Bassans parce qu'elle était ornée de tableaux de
ces maîtres vénitiens.

En 1701, Louis XIV transféra sa chambre dans la salle
voisine et réunit ces deux pièces en une seule pour former une
grande antichambre, baptisée familièrement salon de l'Œil-
de-bœuf (fig. 58) à cause de la fenêtre ovale qui s'ouvre, au
midi, dans la frise du plafond.

Cette frise, où Poulletier, Hardy, Hurtrelle, Poirier, Van
Clève et Flamen ont sculpté, sur un fond mosaïqué, une ronde
gracieuse d'enfants rieurs, fait tout le charme de cette grande
salle.

Le Roi avait placé ici des tableaux de peintres vénitiens,
en particulier des œuvres de Véronèse dont certaines sont
aujourd'hui au Louvre. On y voit actuellement les portraits,
en costume à l'antique, de *Louis XIV* et de son neveu le *Duc
de Chartres* par Pierre Mignard, ainsi qu'une curieuse peinture
de Jean Nocret représentant *les Dieux et les Déesses de
l'Olympe sous les traits des membres de la famille royale*
(fig. 59), et provenant du château de Saint-Cloud. Au-dessus
des portes on remarque en particulier les portraits de la *Reine
Marie-Thérèse* et de *Monsieur* frère du Roi, tenant le portrait
de sa fille aînée.

Les trois bustes sont ceux de *Louis XIV* par Coysevox, de
Louis XV par Gois et de *Louis XVI* par Houdon.

Ici, les courtisans attendaient le moment d'être introduits
dans la chambre royale, dont un garde suisse gardait l'entrée ;
un paravent de la Savonnerie dissimulait, pendant la journée,
le lit de veille de ce garde ; c'est également dans cette pièce
qu'était signé parfois le contrat de mariage des princes du
sang.

Trois portes ouvrent sur la galerie des Glaces. Une autre porte, à gauche, donne accès à l'appartement de la Reine : c'est le passage qu'emprunta Marie-Antoinette au matin du 6 octobre 1789, pour échapper aux émeutiers. A gauche des fenêtres, une porte de glaces ouvre sur un escalier conduisant à l'appartement du Dauphin.

La chambre du Roi[32]
(9,70 m × 9,15 m × 10,15 m)

Ce fut d'abord le salon central qui séparait le Petit Appartement du Roi de celui de la Reine ; il ouvrait alors sur la terrasse par trois portes-fenêtres, qui furent remplacées par des portes lors de la construction de la galerie des Glaces : le décor de pilastres dorés date de cette modification.

En 1684, la pièce devint le salon où le Roi s'habille, mais en 1701, Louis XIV décida d'en faire sa chambre. On obtura les trois portes du fond pour former une alcôve, et Nicolas Coustou fut chargé de sculpter la belle allégorie de *la France veillant sur le sommeil du Roi*. C'est alors également que furent sculptées les bordures des glaces et les charmantes figures qui encadrent les dessus-de-porte. Une balustrade dorée, toujours en place, sépara l'alcôve du reste de la chambre (fig. 61).

Louis XIV a eu ici un mobilier d'une somptuosité inouïe. L'hiver, l'alcôve était tendue d'un velours cramoisi brodé d'or, sur lequel étaient accrochés des tableaux ; l'été, c'était un brocart d'or et d'argent sur fond de damas cramoisi. Les mêmes tissus recouvraient le lit et les sièges.

Les peintures qui ornent cette chambre sont, à une exception près, celles-là mêmes que Louis XIV avait choisies : dans l'attique, *les Quatre Evangélistes* et *le Denier de César*, par

60

60
Valentin de Boulogne
le Denier de César,
vers 1630

61
La chambre du Roi

61

Valentin (fig. 60); un autre tableau de Valentin *la Diseuse de bonne aventure*, aujourd'hui au Louvre, a été remplacé par *Agar dans le désert*, de Lanfranco. En dessus-de-porte, *Saint Jean-Baptiste* de Carraciolo, *Marie-Madeleine* par Dominiquin, et deux portraits de Van Dyck, son *Autoportrait* et le *Marquis de Moncade*.

C'est dans cette chambre, où il accordait parfois ses audiences, que Louis XIV dînait «au petit couvert» et qu'avaient lieu chaque jour les cérémonies du lever et du coucher, avec leurs «entrées» successives et leurs rites minutieux. Et c'est ici qu'il mourut, après soixante-douze ans de règne, le 1er septembre 1715, avec une sérénité et une grandeur auxquelles ses ennemis eux-mêmes rendirent hommage.

Louis XV se fit aménager, dans son appartement intérieur, une nouvelle chambre, moins froide et plus confortable, mais il continua d'utiliser celle-ci pour son lever et son coucher. En 1761, il fit remplacer l'unique cheminée de Louis XIV par les deux cheminées actuelles, sur lesquelles sont placés un buste de *Louis XIV* par Coysevox, une pendule-baromètre, ainsi que quatre candélabres ayant appartenu au comte de Provence, frère de Louis XVI.

Ce dernier utilisa la chambre comme l'avait fait Louis XV. Le vendredi 20 mars 1778, il y reçut en audience solennelle Benjamin Franklin et les autres plénipotentiaires américains venus signer le «traité d'amitié et de commerce» entre la France et les Etats-Unis. Le 6 octobre 1789, il dut paraître au balcon, avec la Reine et leurs enfants, devant la foule amassée dans la cour de Marbre, avant de quitter Versailles pour toujours : ainsi, la chambre où Louis XIV était mort et qui était devenue le sanctuaire visible de la monarchie, en devint-elle le tombeau.

Le cabinet du Roi ou cabinet du Conseil[33]
(12,53 m × 8,10 m × 7,19 m)

Il y eut d'abord ici deux pièces, la chambre et l'un des deux cabinets du Petit Appartement du Roi, qui ouvraient sur la terrasse par deux portes-fenêtres chacune. En 1684, ces deux pièces devinrent le cabinet du Roi et le cabinet des Termes, ainsi nommé à cause des figures qui décoraient son plafond. Les murs des deux cabinets furent alors entièrement revêtus de miroirs contre lesquels étaient posées des petites consoles dorées supportant les vases précieux et les gemmes que l'on admire aujourd'hui dans la galerie d'Apollon au musée du Louvre.

C'est dans le premier cabinet que Louis XIV présidait les différents conseils, tandis qu'il réunissait dans le cabinet des Termes, chaque soir après son souper, les princes et les princesses de la famille royale.

En 1755, Louis XV réunit les deux pièces en une seule pour former le cabinet du Conseil tel qu'on le voit aujourd'hui

62

63

62
Le cabinet du Conseil

63
Pendule, 1754

(fig. 62). Ange-Jacques Gabriel a dessiné les admirables boiseries qui ont été sculptées par Antoine Rousseau : on y voit des petits génies qui symbolisent les différents conseils du Roi en temps de paix et en temps de guerre. Les dessus-de-porte, peints par Houasse et Verdier, relatent *des Scènes de la légende de Minerve*; ils proviennent de Trianon.

La cheminée de griotte, enrichie de superbes bronzes dorés, est ornée de somptueux objets d'art commandés par Louis XV et Louis XVI : une pendule de style rocaille (1754) et les deux vases de Mars et de Minerve en porcelaine de Sèvres et bronzes ciselés par Thomire (1787) (fig. 63). Le buste d'*Alexandre le Grand* en porphyre, dont la cuirasse et la draperie sont l'œuvre de Girardon, et celui de *Scipion l'Africain*, en bronze, ont été placés dans cette pièce par Louis XV.

Le broché bleu et or des portières, du tapis de table et des tabourets, a été retissé à Lyon d'après un modèle exécuté pour Louis XV.

C'est autour de ce beau cabinet que tournait la vie de la cour : travail quotidien du Roi avec ses ministres, audiences particulières, prestation de serment des grands officiers de la Couronne, chapitres de l'ordre du Saint-Esprit, «révérences» lors d'une naissance, d'un mariage ou d'un deuil dans la famille royale. C'est ici également que furent prises les décisions les plus importantes des règnes de Louis XV et de Louis XVI, comme, en 1756, le renversement des alliances, et, en 1775, la participation à la guerre d'Indépendance qui devait donner naissance aux Etats-Unis d'Amérique.

La porte de glaces, à droite de la cheminée, ouvre sur la galerie des Glaces : le Roi l'empruntait chaque matin pour se rendre à la chapelle. La porte voisine à gauche de la grande fenêtre donne accès à la salle de bains du Roi.

L'appartement intérieur du Roi

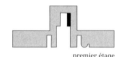

Les salles suivantes constituaient à l'époque de Louis XIV ce qu'on appelait «l'appartement intérieur». Le Roi n'y admettait en dehors de sa famille que de très rares privilégiés, le plus souvent des amateurs d'art comme lui : c'est là, en effet qu'il conservait les plus beaux tableaux de sa collection, aujourd'hui au Louvre.

Louis XV, soucieux de confort et d'intimité, entreprit en 1735 de transformer ce petit musée en un véritable appartement d'habitation et lui donna l'aspect qu'il a pratiquement conservé jusqu'à nos jours. Jacques Verberckt exécuta, sur des dessins de Gabriel, les boiseries qui forment le plus bel ensemble de ce genre qui se puisse voir en France; les plus grands ébénistes du temps fournirent le mobilier, que complétaient des soieries de Lyon, des porcelaines de Sèvres, des tapis de la Savonnerie, et des fleurs constamment renouvelées. Dans cet appartement au décor raffiné, Louis XV, et Louis XVI après lui, travaillaient avec leurs conseillers et recevaient une société choisie, à l'écart du tumulte des Grands Appartements.

La nouvelle chambre[34]
(9,95 m × 8,40 m × 5 m)

Elle occupe l'emplacement de la salle de Billard de Louis XIV. En 1738, Louis XV en fit sa véritable chambre à coucher tout en continuant cependant d'utiliser la grande chambre pour les cérémonies officielles. Il mourut ici le 10 mai

64

64
La nouvelle chambre

65
Le cabinet de garde-
robe

65

1774, et Louis XVI y vécut à son tour jusqu'au 6 octobre 1789 (fig. 64).

L'alcôve, fermée autrefois par un balustre doré, est tendue d'un lampas broché d'or qui reproduit le dernier «meuble d'été» de Louis XVI. En dessus-de-porte, les portraits des filles de Louis XV, *Mesdames Elisabeth, Henriette* et *Adélaïde*, ont remplacé les tableaux de Titien, de Antonio Moro, de Rubens et Van Dyck qui s'y trouvaient autrefois.

La magnifique commode qui, sous Louis XV, était placée face à la cheminée, est conservée aujourd'hui à la Wallace Collection de Londres, et celle qui la remplaça sous Louis XVI est au château de Chantilly. Celle que l'on voit actuellement a été exécutée par Levasseur pour la chambre du comte d'Artois, frère de Louis XVI, au palais du Temple à Paris; elle supporte une fontaine à parfums en porcelaine de Chine et bronze doré, livrée en 1743 pour le cabinet de garde-robe de Louis XV.

Sur la cheminée, est placé le buste de la *Duchesse de Bourgogne*, mère de Louis XV, par Antoine Coysevox.

Une porte dissimulée dans la tenture de l'alcôve donne accès au cabinet de garde-robe (fig. 65)[35] de Louis XVI, dont les fines boiseries sculptées par Rousseau en 1788, représentent les attributs des Sciences, des Arts, de la Guerre, de la Marine, du Commerce et de l'Agriculture.

66

Le cabinet de la Pendule[36]
(12,55 m × 6,30 m × 5,03 m)

Il occupe l'emplacement de l'antichambre et d'une partie du cabinet des Tableaux de Louis XIV (fig. 66). Il doit son nom à l'extraordinaire pendule astronomique qui en est le principal ornement (fig. 67); réalisée par l'ingénieur Passemant, l'horloger Dauthiau et le bronzier Caffieri, elle a été placée dans cette pièce en janvier 1754; elle indique la date, l'heure réelle, l'heure moyenne, les phases de la lune et le mouvement des planètes d'après Copernic. Le beau baromètre, œuvre de Jean-Joseph Lemaire, a été commandé pour le Roi en 1772.

Les deux tables ont été exécutées, l'une par Roumier pour l'appartement de Louis XV à Versailles, l'autre par Slodtz pour son appartement de Compiègne; leurs piètements sont d'admirables exemples de style rocaille et leurs plateaux en stuc représentent les plans des domaines de Compiègne et de Fontainebleau.

Les peintures des dessus-de-porte sont des répliques anciennes d'œuvres de François Boucher.

La statuette de bronze est la réduction, par Vassé, de *la statue équestre de Louis XV* que Bouchardon avait exécutée pour orner le centre de la place Louis XV à Paris, l'actuelle place de la Concorde; elle se trouvait déjà dans cette pièce

67

sous l'Ancien Régime, ainsi que la statuette de *Frédéric II* en biscuit de Sèvres.

Le cabinet de la Pendule servait habituellement de seconde antichambre des cabinets intérieurs et parfois, le soir, de salon des Jeux.

Le cabinet des Chiens[37]
(6,05 m × 5,80 m × 5,88 m)

Le nom de cette pièce et le décor de sa corniche rappellent que Louis XV y faisait dormir ses chiens favoris. Les boiseries proviennent de l'ancienne salle de Billard de Louis XIV, transformée par Louis XV en chambre à coucher; les tableaux de fleurs des dessus-de-porte sont l'œuvre de Jean-Baptiste Monnoyer et Jean-Baptiste Blain de Fontenay. Deux des tables ont été exécutées par Roumier pour le cabinet doré voisin, et la troisième par les Foliot pour l'appartement de Madame Adélaïde à Compiègne; leurs plateaux en stuc représentent les plans des domaines de Versailles, Marly et Saint-Germain-en-Laye.

Cette pièce, où se tenaient habituellement les valets de l'appartement intérieur, appelés familièrement «garçons bleus» à cause de la couleur de leur livrée, servait de première antichambre aux cabinets intérieurs : elle ouvre en effet sur le

Degré du Roi[38] qui, après avoir été plusieurs fois déplacé, fut reconstruit en 1754 à son emplacement actuel. L'accès de cet escalier, dont la rampe en fer forgé porte le monogramme de Louis XV, était défendu au rez-de-chaussée par une petite salle des Gardes. C'est par là que le Roi pouvait sortir de ses appartements ou y rentrer sans avoir à traverser ses grandes antichambres et l'escalier de la Reine, toujours encombrés de courtisans ; c'est également le Degré du Roi qu'empruntaient les ministres qui venaient travailler avec le Roi ou les invités des soupers de chasse.

La salle à manger dite « des retours de chasse »[39]
(8,60 m × 6,57 m × 5,01 m)

Elle a remplacé en 1750 un petit appartement des bains. Une ou deux fois par semaine, Louis XV y donnait à souper aux seigneurs et aux dames qui l'avaient accompagné à la chasse, et c'était une faveur très recherchée que d'être admis à ces soupers (fig. 68). La pièce des Buffets voisine facilitait le service de la table ; les plats étaient préparés dans les cuisines particulières du Roi, situées au troisième étage. Après le souper, le Roi et ses hôtes se rendaient au cabinet de la Pendule où ils terminaient la soirée autour des tables de jeu.

Le bureau à cylindre est de David Roentgen, le régulateur de Ferdinand Berthoud.

68

69

68
La salle à manger
dite « des retours
de chasse »

69
Le cabinet intérieur
du Roi

Le cabinet intérieur ou cabinet d'angle[40]
(7,28 m × 6,52 m × 4,93 m)

Il occupe une partie de l'ancien cabinet des Tableaux de Louis XIV. Louis XV, qui en avait fait son cabinet de travail, avait coutume de s'y tenir pendant la journée et d'y travailler, soit seul, soit avec l'un ou l'autre de ses ministres.

C'est la pièce la plus somptueuse de l'appartement intérieur (fig. 69). Les bordures des glaces (1738) et les boiseries (1753) comptent parmi les chefs-d'œuvre de Verbeckt; les meubles que Louis XV y a réunis et qu'on peut toujours y admirer, constituent, par l'élégance de leur forme, la délicatesse de leur marqueterie et la magnificence de leurs bronzes, le plus bel ensemble « rocaille » qui soit : la commode-médaillier de Gaudreaux (1738), les encoignures de Joubert (1755), et surtout le secrétaire à cylindre exécuté par Oeben et Riesener de 1760 à 1769, ce « bureau du Roi » qui est sans doute le meuble le plus célèbre du monde.

Sur le médaillier (fig. 70), sont placés deux vases en porcelaine de Sèvres enrichis de bronzes dorés, et le candélabre exécuté par Thomire en 1783 pour rappeler le rôle déterminant

70
Antoine Gaudreaux
commode-médaillier,
1738

70

de Louis XVI dans la guerre d'Indépendance qui aboutit à la création des Etats-Unis d'Amérique. Avec la pendule de Roque et les chaises de N.Q. Foliot, ils achèvent de donner au cabinet intérieur son caractère de splendeur royale et d'élégance raffinée.

L'arrière-cabinet[41]
(5,96 m × 3,93 m × 4,53 m)

Il occupe l'emplacement du salon Ovale que Louis XIV avait fait aménager en 1692 : orné de pilastres corinthiens et de quatre niches abritant des groupes de bronze dont les célèbres «chenêts» de l'Algarde, ce salon donnait accès à droite à la Petite Galerie et à gauche au cabinet des Coquilles : dans cette dernière pièce, ainsi nommée à cause du décor de sa corniche Louis XIV conservait ses manuscrits et ses livres les plus précieux ainsi qu'une vingtaine de tableaux dont le *Concert champêtre* de Titien.

En 1754, le cabinet des Coquilles disparut pour faire place au Degré du Roi et le salon Ovale fut remplacé par un arrière-cabinet, et un cabinet de chaise. L'arrière-cabinet comportait à l'origine des pans coupés que Louis XVI supprima tout en conservant les boiseries sculptées et les tableaux de Galloche et de Chavanne.

C'est ici que Louis XV s'enfermait pour dépouiller les rapports des agents secrets qu'il entretenait à l'étranger et pour rédiger les instructions qu'il leur adressait : c'est donc là le siège du «Secret du Roi», cette diplomatie personnelle que

Louis XV menait en marge de sa politique étrangère officielle et qui devait aboutir, entre autres, au «renversement des alliances».

La petite vitrine placée à droite de la fenêtre fut exécutée par Riesener pour contenir les montres de Louis XVI. Les salles suivantes ont été créées en 1752 à l'emplacement de la Petite Galerie et de l'escalier des Ambassadeurs. Cette Petite Galerie avait elle-même remplacé en 1685 l'appartement de la marquise de Montespan. Elle comportait trois fenêtres et elle était encadrée de deux petits salons : ces trois pièces formaient donc une sorte de réduction de la galerie des Glaces et des salons de la Guerre et de la Paix dont, au même moment, Le Brun achevait la décoration.

C'est Pierre Mignard son grand rival, qui avait été chargé de peindre la voûte de la Petite Galerie et les coupolettes des salons : dans la première, il avait représenté *Apollon et Minerve protégeant les Arts et les Sciences*; dans les deux autres, la légende de *Prométhée* et celle de *Pandore*. Le parquet des trois salles était fait d'une marqueterie de différentes essences de bois, d'après un dessin d'Oppenordt. Sur les murs, tendus de damas cramoisi, était accrochée une cinquantaine de tableaux, dont *la Joconde*, par Léonard de Vinci, et le portrait de *Balthazar Castiglione*, par Raphaël.

Le dernier salon ouvrait sur le palier de l'escalier des Ambassadeurs qui conduisait au salon de Vénus : ainsi était assurée, de ce côté également, la communication entre le Petit et le Grand Appartement du Roi.

En 1736 Louis XV renouvela le décor de la Petite Galerie, mais en 1752, il la fit détruire, ainsi que l'escalier, pour les remplacer par un appartement destiné à sa fille préférée, Madame Adélaïde, devenue l'aînée par la mort de sa sœur Henriette. Cet appartement, dont la proximité avec celui du Roi n'était pas l'un des moindres avantages, comportait deux antichambres, un grand cabinet, une chambre, un cabinet intérieur, un arrière-cabinet, un oratoire et, à l'étage au-dessus, une bibliothèque, des bains et le logement de la dame d'honneur de la princesse. En 1769, Madame Adélaïde alla s'installer au rez-de-chaussée, auprès de ses sœurs cadettes, et son bel appartement fut réuni à celui du roi. Louis XV, et Louis XVI après lui, changèrent à plusieurs reprises la destination de ces «salles neuves» et y firent de nouveaux aménagements.

La pièce de la vaisselle d'or[42]
(5,74 m × 5,67 m × 5,50 m)

C'est l'ancien cabinet intérieur de Madame Adélaïde (fig. 71). Il a conservé quelques éléments du décor de la Petite Galerie : la corniche, les pilastres et les chambranles de la fenêtre, complétés par de nouvelles boiseries entre 1753 et 1767. Il faut particulièrement admirer les panneaux de l'alcôve,

71

qui datent sans doute des travaux de 1753 mais qui ont été remontés en 1767 à leur emplacement actuel : Verberckt y a sculpté des trophées d'instruments de musique rappelant les goûts de la princesse, et des outils de pêche et de jardinage.

C'est dans ce beau cabinet que Madame Adélaïde prenait ses leçons d'italien avec Goldoni et de harpe avec Beaumarchais, et c'est sans doute ici que le petit Mozart, en décembre 1763, joua du clavecin devant la famille royale.

Plus tard, Louis XV, qui prenait ici son café, y exposa sa vaisselle d'or. Louis XVI y plaça l'extraordinaire cabinet en ébène et acajou, recouvert de plaques de porcelaine à décor de plumes d'oiseau et d'ailes de papillons.

Sur la cheminée, un beau buste de *Louis XV* enfant par Coysevox. Les deux plaques de porcelaine de Sèvres, représentant *la Toilette de la Sultane* et *la Sultane donnant des ordres aux odalisques* d'après Amédée Van Loo, ont été commandées par Louis XVI pour ses cabinets intérieurs.

Le cabinet des bains[43]
(3,80 m × 3,30 m × 2,85 m)

Il fut aménagé par Louis XV en 1773 à l'emplacement de l'arrière-cabinet de Madame Adélaïde (fig. 72). Les boiseries, sculptées par les frères Rousseau et animées par le jeu de différents ors, évoquent tous les plaisirs de l'eau : le bain, la pêche, la chasse aux oiseaux aquatiques, la leçon de natation, etc.

Louis XVI transformera en cabinet de la Cassette ou très-arrière-cabinet cette pièce charmante dont le décor est l'un des premiers témoignages du style nouveau qui triomphera sous son règne.

La bibliothèque[44]
(9,57 m × 7,54 m × 5,27 m)

Cette salle aux proportions harmonieuses correspond aux deux tiers de l'ancienne Petite Galerie dont, par ailleurs, le mur du fond avait été repoussé pour permettre la création de la chambre de Madame Adélaïde. En 1769, après le départ de sa fille, Louis XV en fit un salon des Jeux; mais, dès son avènement en 1774, Louis XVI la transforma en bibliothèque (fig. 73).

Les boiseries, d'une élégance discrète, ont été sculptées par Antoine Rousseau sur des dessins de Gabriel, et c'est le dernier travail à Versailles des deux artistes. Les bas-reliefs

71
La pièce de la vaisselle d'or

72
Un détail de la boiserie du cabinet des bains

72

73

représentent *la France contemplant le portrait de Louis XVI,
Apollon et les Arts*, ainsi que les symboles de différents
genres littéraires. La cheminée, ornée par Boizot d'enfants
frileux, est enrichie de bronzes par Gouthière.

La table ronde, dont le plateau est fait d'un seul morceau
d'un bois exotique de 2,10 m de diamètre, a été exécutée pour
cette pièce par Riesener, qui est également l'auteur de l'élégant bureau plat. La commode de Riesener a été placée dans
la pièce en 1784; et la pendule provient de la chambre du
comte de Provence à Versailles. Le groupe en porcelaine de
Valenciennes d'après la *Descente de croix* de Rubens, et les
deux globes terrestre et céleste, supportés par des atlantes,
étaient dans cette pièce au temps de Louis XVI. Les sièges,
recouverts de «pékin» peint, ont fait partie d'un mobilier du
Roi au château de Compiègne.

73
La bibliothèque

74
La salle à manger
dite «aux salles
neuves»

La salle à manger dite « aux salles neuves »[45]
(9,46 m × 9,15 m × 5,27 m)

Elle fut créée par Louis XV en 1769 en réunissant le grand cabinet et l'une des antichambres de Madame Adélaïde. C'est ici que désormais, et jusqu'en 1789, eurent lieu les soupers du Roi (fig. 74). Sous Louis XVI, on y organisait chaque année, à Noël, une exposition des plus belles porcelaines produites pendant l'année écoulée par la manufacture de Sèvres, d'où le nom de « salon des Porcelaines » qu'on lui donne parfois.

Les boiseries comptent parmi les plus belles de l'appartement. Les peintures des dessus-de-porte exécutées en 1750 pour Trianon par Collin de Vermont, représentent des scènes mythologiques, inspirées des *Métamorphoses* d'Ovide : *le Rajeunissement d'Iolas par Hébé, Jupiter et Mercure chez Philémon et Baucis, le Berger Apulus transformé en olivier*, et *Bacchus changeant en feuilles de vigne les ouvrages des Ménades*.

Les plaques en porcelaine de Sèvres ont été exécutées, sur l'ordre de Louis XVI, d'après les tapisseries des *Chasses de Louis XV*, de Jean-Baptiste Oudry. Les sièges, recouverts de velours « bleu céleste », ont été livrés en 1786 par Sené et Boulard.

74

75

76

75
Riesener
encoignure, 1785

76
Le salon des Jeux

La salle de Billard[46]
(9,45 m × 5,30 m × 5,20 m)

Elle occupe l'emplacement d'une des volées et d'un des paliers de l'escalier des Ambassadeurs, dont le seul vestige est la magnifique porte en bois sculpté et doré qui conduit au salon de Vénus. La salle de Billard ouvrait autrefois sur un escalier qui descendait vers l'appartement de Madame Adélaïde, et qui fut détruit au XIXᵉ siècle. Les soirs des soupers de chasse, elle servait de salle des Buffets. Les gouaches représentant *les Victoires de Louis XV* ont été commandées par Louis XVI à Van Blarenberghe. La banquette provient de la salle de Billard de Louis XVI au château de Fontainebleau.

Le salon des Jeux[47]
(8,75 m × 7,40 m × 4,30 m)

Il occupe l'emplacement du cabinet des Raretés de Louis XIV, devenu en 1753 une antichambre pour Madame Adélaïde et en 1769 la salle à manger des seigneurs, dont Louis XVI, en 1774, fit son salon des Jeux (fig. 76).

La majeure partie du mobilier commandé alors a pu être remise en place : les quatre encoignures livrées par Riesener en 1774 (fig. 75), dix-neuf des trente chaises livrées par Boulard en 1785, les bras de lumière et les gouaches de Van Blarenberghe que Louis XVI y avait fait placer. La table à jeu a été livrée «pour le service du Roi» à Versailles, et le brocart cramoisi et or a été retissé à Lyon d'après le modèle ancien.

Le visiteur emprunte un escalier[48] construit par Louis-Philippe à l'emplacement de celui de Madame Adélaïde et d'une petite cour intérieure, et se rend à l'Opéra.

L'Opéra royal

Visite sous la conduite d'un conférencier

La construction de l'Opéra de Versailles marque l'aboutissement de près d'un siècle de recherches, d'études et de projets : car, s'il n'a été édifié qu'à la fin du règne de Louis XV, il a été prévu dès 1682, date de l'installation de Louis XIV à Versailles. Le Roi, en effet, avait chargé Jules Hardouin-Mansart et Vigarani de dresser les plans d'une salle des ballets, et l'architecte en avait réservé l'emplacement à l'extrémité de l'aile neuve, qui allait s'élever au cours des années suivantes. Le choix de cet emplacement était, au demeurant, fort judicieux : la proximité des réservoirs constituait un élément de sécurité en cas d'incendie, et la forte déclivité du terrain permettait d'obtenir, pour la scène, des «dessous» importants sans qu'il soit nécessaire de creuser profondément ; aussi bien ce choix ne fut-il jamais remis en question par les successeurs de Mansart.

Les travaux de gros œuvre furent commencés dès 1685, mais ils furent vite interrompus en raison des guerres et des difficultés financières de la fin du règne. Louis XV, à son tour, recula longtemps devant la dépense, de sorte que, pendant près d'un siècle, la cour de France dut se contenter d'une petite salle de comédie aménagée sous le passage des Princes. Lorsqu'on voulait représenter un grand opéra, nécessitant une grande figuration et une machinerie compliquée, on construisait dans le manège de la Grande Ecurie une salle provisoire que l'on démolissait le lendemain des fêtes : ce fut le cas, en particulier, lors des fêtes données à l'occasion du mariage du Dauphin en février 1745. Mais cette solution présentait de tels inconvénients que Louis XV résolut d'édifier une salle définitive dont il confia la construction à son Premier architecte, Ange-Jacques Gabriel.

Cependant, la réalisation de ce grand dessein devait demander plus de vingt ans. Au cours de cette longue période, Gabriel, qui avait étudié les principaux théâtres d'Italie, en particulier ceux de Vicence, de Bologne, de Parme, de Modène et de Turin, présenta au roi différents projets dont aucun ne fut accepté. C'est seulement en 1768 que le roi, en prévision des mariages successifs de ses petits-enfants, se décida enfin à donner l'ordre de commencer les travaux. Ceux-ci furent poussés activement et l'Opéra, achevé en vingt-trois mois, fut inauguré le 16 mai 1770, jour du mariage du Dauphin avec l'archiduchesse Marie-Antoinette, avec une représentation de *Persée* de Quinault et Lully.

77

Deux galeries de pierre conduisent à l'Opéra : c'est par la galerie du premier étage que le Roi s'y rendait, soit en gagnant directement sa loge particulière, soit en descendant l'escalier, aujourd'hui détruit, qui conduisait à la salle des Gardes, et, de là, au foyer et à l'amphithéâtre.

Le plan de la salle, nouveau pour l'époque, affecte la forme d'un ovale tronqué, et les loges traditionnelles sont remplacées par de simples balcons, en retrait l'un sur l'autre, avec des séparations à hauteur d'appui. Ces dispositions favorisent la vision et l'audition ; il n'y a pas d'angle mort dans cette salle et l'acoustique y est particulièrement remarquable, d'autant plus qu'étant entièrement construite en bois, elle résonne comme un violon.

Les proportions en sont parfaites (fig. 77), et l'on ne peut qu'admirer l'élégante colonnade des troisièmes loges ; quant aux miroirs qui en tapissent le fond dans lesquels se réfléchissent les demi-lustres, donnant ainsi l'illusion de lustres entiers, ils accentuent le caractère de légèreté de cette architecture qu'ils semblent répéter à l'infini.

La décoration est particulièrement raffinée. Louis-Jacques Durameau a peint le plafond central, où il a représenté *Apollon distribuant des couronnes aux Muses*, et les douze petits plafonds de la colonnade où il a évoqué les amours des dieux.

77
La salle de l'Opéra royal

Leurs coloris délicats s'harmonisent avec le décor en faux marbre de la salle, où dominent le vert Campan et le sérancolin.

Augustin Pajou a sculpté les bas-reliefs des premières loges où l'on voit, entre les profils des Muses et des Grâces sur fond de lapis-lazuli, les figures allongées des dieux et des déesses de l'Olympe, et ceux des secondes loges où des amours symbolisant les opéras les plus célèbres alternent avec les signes du Zodiaque. Et c'est Antoine Rousseau qui est l'auteur des trophées d'instruments de musique qui encadrent la scène et du cartouche aux armes de France qui la domine (fig. 78).

Derrière le parterre, s'élève l'amphithéâtre, au premier rang duquel sont placés les fauteuils de la famille royale et les tabourets des princes et princesses du sang et des duchesses. A l'étage des secondes loges, se trouvent trois petites loges particulières qui permettaient éventuellement au Roi d'assister au spectacle dans un semi-incognito : fermées de grilles en bronze doré et décorées d'exquises arabesques par Vernet le Jeune, elles communiquent par un petit salon ovale avec la galerie conduisant aux Grands Appartements.

La salle contenait autrefois plus de mille places, elle en compte aujourd'hui un peu plus de sept cents; la fosse d'orchestre peut recevoir quatre-vingts musiciens.

78

79

Comme c'était habituellement le cas dans les théâtres de cour, l'Opéra pouvait être transformé en vingt-quatre heures en une vaste salle pour le «bal paré». Un système de treuils permettait d'élever le parquet du parterre pour l'amener au niveau de l'amphithéâtre et de la scène, sur laquelle on construisait une seconde salle entourée de colonnades praticables et ornée d'un plafond peint par Briard. Ce dispositif ingénieux, qui fut inauguré par le bal paré clôturant les fêtes du mariage du futur Louis XVI, le 19 mai 1770, était l'œuvre du «machiniste» Blaise-Henri Arnoult, qui était également l'auteur de l'équipement technique de la scène. Cette dernière, dont les dimensions exceptionnelles (13,50 m d'ouverture, 23 m de profondeur et 36 m de hauteur) font l'une des plus vastes de France, permettait donc la représentation d'opéras à grand spectacle, exigeant une figuration nombreuse et des changements de décor à vue.

Le foyer, qui donne accès à l'amphithéâtre, est orné de statues qui sont l'œuvre de Pajou : *Apollon, Vénus, l'Abondance et la Paix, la Jeunesse et la Santé, les Poèmes lyrique, pastoral, épique* et *dramatique* (fig. 79).

L'Opéra, que Louis-Philippe avait fait repeindre en rouge et qui, en 1871, avait été transformé en salle de séances pour l'Assemblée nationale, a été scrupuleusement restauré de 1952 à 1956 et remis dans son état d'origine. Il est ainsi redevenu l'un des plus beaux théâtres du monde, et il illustre à nouveau la pensée de Gabriel qui, en unissant les grâces finissantes du style rocaille au néo-classicisme triomphant, avait voulu, selon le mot de Patte, «donner une idée du progrès réalisé dans les arts sous le règne de Louis XV».

78
La scène de l'Opéra

79
Le foyer de l'Opéra

Les petits appartements

Sous ce titre général, sont regroupés ici les appartements privés du Roi, de la Reine et de la Dauphine, ainsi que trois logements de courtisans, qui se visitent sous la conduite d'un conférencier.
– les cabinets intérieurs et le Petit Appartement de la Reine, les arrière-cabinets de la Dauphine ;
– le Petit Appartement du Roi, les appartements de la marquise de Pompadour, de la comtesse Du Barry et du comte de Maurepas..

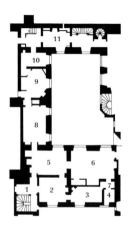

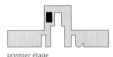

Les cabinets intérieurs de la Reine et de la Dauphine

Visite sous la conduite d'un conférencier

Le visiteur gravit l'escalier de la Reine et pénètre dans sa salle des Gardes; il traverse le palier de l'escalier Fleury (ainsi appelé du nom du duc de Fleury qui, sous Louis XVI, logeait dans l'attique au-dessus du Grand Appartement de la Reine), et il entre dans les cabinets intérieurs de la Reine.

Les cabinets intérieurs de la Reine

A l'origine, les cabinets de la Reine faisaient suite à sa chambre dans le château-neuf; ils étaient reliés à un Petit Appartement, dit «appartement de commodité», situé dans le château-vieux et comprenant trois pièces principales. La construction de la galerie des Glaces entraîna la disparition de ces trois cabinets et, à la mort de la reine Marie-Thérèse, son Petit Appartement fut annexé à celui du Roi.

Il ne subsista plus alors que trois petites pièces : deux, dont un oratoire, derrière la chambre de la Reine, et une troisième au revers de la galerie des Glaces. Cette dernière pièce devint, en 1696, le cabinet particulier de la future duchesse de Bourgogne lorsque celle-ci s'installa dans l'ancien appartement de la Reine. En 1699, on aménagea pour le duc de Bourgogne, à proximité de ces cabinets, un «appartement de nuit», comprenant une chambre et un cabinet.

Marie Leszczinska réunit cet appartement de nuit aux cabinets de la duchesse de Bourgogne pour former de nouveaux cabinets intérieurs, qu'elle fit décorer et meubler avec le goût le plus délicat. Elle s'y retirait pendant plusieurs heures, chaque jour, pour lire et pour prier; elle y réunissait, le soir, le cercle étroit de ses amis et des gens d'esprit dont elle aimait à s'entourer. Il ne reste pratiquement plus rien de ces aménagements, Marie-Antoinette ayant complètement renouvelé la décoration et l'ameublement des cabinets intérieurs pour les mettre au goût du jour.

On traverse d'abord une petite antichambre[1], qui communique avec l'antichambre du Grand Couvert : c'est par là que les femmes de chambre de la Reine introduisaient les personnes qu'elle admettait dans ses intérieurs.

La salle de bains (3,63 m × 3,45 m × 2,86 m)[2] se complète d'une chambre des Bains[3] et d'un cabinet de chaise[4]. La chambre des Bains a remplacé un oratoire de Marie Leszczinska, et l'on y voit six tableaux commandés par cette Reine : pour l'oratoire, *la Conversion de saint Augustin*, par Charles-

80

81

Antoine Coypel, et pour un autre cabinet *Les Cinq Sens* par Jean-Baptiste Oudry.

Le supplément de bibliothèque (5,27 m × 4 m × 2,97 m)[5] occupe l'emplacement de la pièce des bains de Marie Leszczinska. Les armoires renferment des livres reliés en veau; on y voit également une «salve», petit plateau en vermeil aux armes de Marie-Antoinette, sur lequel la dame d'atours présentait à la Reine son mouchoir et ses gants.

Le grand cabinet intérieur ou cabinet doré (6,72 m × 4,52 m × 4,54 m)[6] a d'abord été celui de Marie Leszczinska, aménagé à l'emplacement de la chambre du duc de Bourgogne, mais son décor actuel date de 1783 (fig. 81): les belles boiseries, exécutées par les frères Rousseau sur des dessins de Richard Mique, sont un exemple remarquable du «retour à l'antique» consécutif à la découverte de Pompéi et d'Herculanum. Le riche mobilier que Marie-Antoinette y avait rassemblé est maintenant dispersé, à l'exception du «feu» en bronze doré qui a retrouvé sa place dans la cheminée. Cependant, les principaux meubles ont servi à la Reine dans d'autres résidences royales: la commode, par Riesener, provient de sa chambre au château de Marly, les sièges de son appartement au château des Tuileries, et le lustre en bronze doré, probablement, de son appartement au château de Saint-Cloud. Sur la commode, trois précieux vases en porcelaine de Sèvres à décor chinois, qui ont été livrés à la Reine en 1775 (fig. 80).

C'est dans cet élégant salon que Marie-Antoinette recevait ses enfants et ses amis, faisait de la musique avec Grétry et posait pour madame Vigée-Lebrun.

A gauche de la cheminée, une porte dissimulée dans la boiserie ouvre sur l'ancien cabinet des Poètes de Marie Leszczinska[7]. Marie-Antoinette y a fait remonter de charmantes boiseries peintes au naturel et ornées de scènes champêtres, qui proviennent des arrière-cabinets de sa belle-mère la Dauphine Marie-Josèphe de Saxe (fig. 82).

82

80
Vases en porcelaine de Sèvres à décor chinois

81
Le grand cabinet intérieur de la Reine

82
Détail d'une boiserie provenant d'un cabinet de Marie-Josèphe de Saxe

La bibliothèque (fig. 83)[8] (5,06 m × 2,95 m × 4,26 m) occupe l'emplacement du «laboratoire» où Marie Leszczinska faisait de la peinture sous la direction d'Oudry. Elle fut aménagée dès 1772 pour Marie-Antoinette, encore Dauphine, et légèrement modifiée en 1779. On y remarque, outre le décor traditionnel des portes en fausses reliures, les tablettes à crémaillère des armoires et les poignées des tiroirs en forme d'aigle impérial, rappelant la Maison d'Autriche. Ici, sont exposés des livres reliés en maroquin et timbrés des armes royales, et une collection de laques ayant appartenu à la Reine.

Le cabinet de la Méridienne (3,38 m × 3,14 m × 3,24 m)[9] (fig. 84) est une pièce octogonale dont les portes en pan coupé assuraient l'indépendance en permettant aux femmes de chambre de passer de la chambre à la bibliothèque sans importuner la souveraine. La niche de glaces, qui est adossée au mur de la chambre, abrite un sofa sur lequel la Reine pouvait se reposer dans la journée. Le décor a été renouvelé en 1781 sur des dessins de Mique : les boiseries, exécutées par les frères Rousseau, et les bronzes appliqués sur les glaces des portes, présentent des tiges de rosier, les emblèmes de l'amour conjugal et des dauphins qui font allusion à la naissance espérée de l'héritier du trône. Le guéridon en acier et bronze doré, dont le plateau est en bois pétrifié, a été offert à Marie-Antoinette par sa mère l'impératrice Marie-Thérèse. Les deux fauteuils ont été exécutés pour cette pièce par Georges Jacob ; la «grenadine» qui les recouvre a été retissée d'après le modèle original que la Reine devait faire remplacer ultérieurement par un tissu brodé.

Au-delà du cabinet de la Méridienne, se trouvent un cabinet de chaise[10] et un cabinet de toilette[11] ; ce dernier n'est autre que l'ancien cabinet particulier de la duchesse de Bourgogne et il a conservé une partie des boiseries exécutées en 1701 pour cette princesse. C'est par cette pièce qui communique avec sa chambre, que Marie-Antoinette s'enfuit, au matin du 6 octobre 1789, pour se réfugier chez le Roi.

A proximité, un petit escalier descend vers le passage du Roi, l'appartement du Dauphin et le Petit Appartement de la Reine. Il permettait également à la souveraine de monter à ses cabinets du second étage.

Ceux-ci comprennent, outre quelques pièces de service réservées à la dame d'honneur et aux femmes de chambre, un boudoir, une salle à manger, où a été remontée la cheminée provenant de la bibliothèque de stuc, et une salle de Billard, près de laquelle aboutit l'escalier ; cette dernière pièce, en cours de restauration, sera tendue d'un merveilleux satin blanc, broché et rebroché, qui garnira également les deux canapés livrés en 1784 par Georges Jacob.

Le visiteur redescend par l'escalier Fleury, et pénètre dans les arrière-cabinets de la Dauphine (voir p. 122). Il parcourt ensuite le corridor qui, passant derrière le cabinet intérieur

83

84

83
La bibliothèque
de la Reine

84
Le cabinet de la
Méridienne

85

86

85
La chambre
du Petit Appartement
de la Reine

86
Elisabeth Vigée-
Lebrun
*le Dauphin et
Madame Royale*, 1784

87
La salle de bains
du Petit Appartement

de la Dauphine et la bibliothèque du Dauphin, relie la chambre
de la princesse au grand cabinet du prince. Par la chambre et
la seconde antichambre du Dauphin, il gagne la galerie basse
et pénètre dans le Petit Appartement de la Reine.

Le Petit Appartement de la Reine

Il fut aménagé en 1784 pour Marie-Antoinette à l'emplacement d'une partie de l'appartement de Madame Sophie,
décédée en 1782. Il comprenait trois pièces principales et
quelques pièces secondaires pour le service. La Reine, venant
de son Grand Appartement du premier étage, y descendait

rez-de-chaussée

87

par le passage du Roi, et un petit escalier débouchant à l'emplacement de la travée nord du vestibule de marbre.

Ce vestibule, qui datait de 1679, avait été cloisonné en 1769 à la demande de Madame Sophie pour agrandir son appartement dont les pièces principales occupaient l'emplacement de la galerie basse. Deux nouvelles pièces avaient été ainsi créées à proximité de la salle de bains de la princesse : dans la travée nord, un cabinet du tour et, dans les deux autres travées, une bibliothèque, dont les murs étaient revêtus de stuc peint de paysages et de rinceaux dans des encadrements de faux marbre. Quinze ans plus tard, cette charmante pièce devint l'élément central du Petit Appartement de la reine Marie-Antoinette ; détruite au XIXe siècle, elle n'a pas pu être restituée.

La chambre (fig. 85) (7,80 m × 6 m × 4 m) a été aménagée à l'emplacement de la salle de bains de Madame Sophie. Le décor mural a disparu, à l'exception de la belle cheminée en griotte enrichie de bronzes dorés. En revanche, la majeure partie du mobilier a retrouvé sa place : commode et secrétaire de Benneman, coiffeuse de Riesener, sièges de Georges Jacob, « feu » de Gouthière. Dans l'alcôve, tendue de damas vert, est accroché le portrait, peint en 1784, par Elisabeth Vigée-Lebrun, des deux enfants aînés de la Reine, *le Premier Dauphin et Madame Royale* (fig. 86).

La bibliothèque de stuc communiquait avec la salle de bains (6,40 m × 6,20 m × 3 m) (fig. 87). Le décor des boiseries de cette pièce convient parfaitement à sa destination : bassins où s'abreuvent des cygnes, roseaux, dauphins, coquillages, perles, branches de corail, objets de la toilette féminine, etc. La salle était assez vaste pour servir également de chambre .

des Bains : le lit, au décor de perles et de coquilles, provient de la chambre des Bains de Louis XVI à Fontainebleau, et il est recouvert d'une courtepointe en satin brodé aux chiffres entrelacées du Roi et de la Reine ; la console, par Georges Jacob, a été livrée pour la chambre des Bains de Madame Adélaïde à Versailles. Derrière le mur du fond, se trouvait un cabinet de chaise et un poêle qui assurait le chauffage de la salle de bains.

Pour la suite de cet appartement voir p. 146.

Les appartements de Madame Du Barry, de Madame de Pompadour et de Monsieur de Maurepas

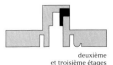

deuxième
et troisième étages

Visite sous la conduite d'un conférencier

    L'appartement dit «de madame Du Barry», correspond, en fait, à une partie, sans doute la plus importante, du Petit Appartement de Louis XV ; la favorite n'occupa d'ailleurs ce

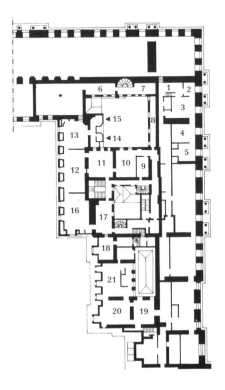

logement que pendant cinq années, de 1769 à 1774, mais elle lui laissa son nom, ce que consacre désormais un usage trop simplificateur.

Il convient donc, pour mieux comprendre la création et les transformations de ce logement, de l'intégrer dans l'histoire générale du Petit Appartement du Roi, dont l'origine remonte d'ailleurs à Louis XIV. En complément de son Grand Appartement du château-neuf et de son Appartement de commodité du château-vieux, Louis XIV, en effet, avait fait aménager, dès 1670, un Petit Appartement dans l'attique surmontant les cabinets de Saturne et de Vénus. Ce petit logement, qui comportait trois pièces (antichambre, chambre et cabinet), disparut en 1678, lors de la création de la galerie des Glaces; il en subsiste cependant quelques éléments de corniches dans les combles de la galerie. Il fut aussitôt remplacé par un nouveau Petit Appartement, aménagé dans les combles du château-vieux, au fond de la cour de Marbre; ce logement était également composé de trois pièces, et on y accédait par un petit escalier semi-circulaire adossé au mur de la galerie des Glaces; il disparut à son tour en 1701, lors des travaux effectués dans l'appartement du Roi au premier étage, mais l'escalier a subsisté.

Dès le retour de Louis XV à Versailles, en 1722, on créa pour lui, au niveau des combles de la cour intérieure et près de l'escalier semi-circulaire, un cabinet du tour, où le petit Roi, il avait alors douze ans, s'exerçait à tourner le bois et l'ivoire. Quatre ans plus tard, Louis XV fit aménager, de l'autre côté de l'escalier, une petite bibliothèque et une galerie en retour sur le côté nord de la cour, que l'on surnommait depuis peu « cour des Cerfs » à cause des têtes de cerfs en plâtre dont on l'avait décorée.

C'était l'amorce d'un nouveau Petit Appartement que le Roi n'allait pas cesser, tout au long de sa vie, d'augmenter et de transformer au gré de ses besoins et de sa fantaisie. Louis XV eut là des bibliothèques, des ateliers, des salons de jeux, des salles à manger d'hiver et d'été, des salles de bains, des cuisines baptisées « laboratoires », des volières et des terrasses, qui finirent par occuper deux étages au-dessus de celui de ses cabinets intérieurs.

C'était là un domaine pratiquement ignoré des courtisans où le Roi, qui souhaitait vivre en simple particulier, n'admettait que quelques amis privilégiés. Non loin de là, se trouvait l'appartement de sa maîtresse du moment, d'abord la comtesse de Mailly, puis la duchesse de Châteauroux, et enfin la marquise de Pompadour.

En septembre 1766, Louis XV prêta les pièces principales de son Petit Appartement à sa belle-fille Marie-Josèphe de Saxe, devenue veuve quelques mois auparavant. Il s'agissait d'une installation provisoire, pendant la durée des travaux d'aménagement du nouvel appartement de la princesse, au rez-de-chaussée du corps central; mais la Dauphine mourut, le 13 mars 1767, avant d'avoir pu prendre possession de son logement définitif.

Louis XV reprit alors pour lui-même les pièces qu'il lui avait concédées, et il y ordonna quelques transformations. Mais, dès 1769, il les attribuait à madame Du Barry : entre temps, en effet, il était devenu veuf et, n'ayant plus désormais à se contraindre, il n'hésitait pas, pour la première fois, à loger sa maîtresse dans une partie de son Petit Appartement. Le logement fut entièrement remis à neuf et somptueusement meublé pour la favorite qui l'occupa jusqu'à la mort du Roi, le 10 mai 1774.

Louis XVI partagea l'ancien logement de madame Du Barry entre son Premier valet de chambre, Thierry de Ville d'Avray et le duc de Villequier, Premier gentilhomme de la chambre. Le nouveau Roi ne garda pour lui que les bibliothèques de son grand-père, auxquelles il ajouta des cabinets de physique, de chimie et de géographie, ainsi que des ateliers de menuiserie et de serrurerie.

On monte le Degré du Roi qui conduit au premier étage, dans les cabinets intérieurs. Des fenêtres de la salle à manger des retours de chasse, on peut voir la seule façade de la cour des Cerfs qui ait gardé son aspect ancien, les autres ayant perdu leur dernier étage au XIXe siècle.

On suit alors un corridor dont le décor ancien a disparu : c'était le cabinet des plans de Louis XVI, près duquel se trouvait son artillerie, c'est-à-dire la pièce où le Roi rangeait son matériel de chasseur.

On parvient alors au cabinet doré, dont les charmantes boiseries à têtes de chiens sont vraisemblablement dues à Roumier. On passe de là dans l'escalier semi-circulaire, au-delà duquel se trouve la sixième salle de bains de Louis XV, qui ouvre sur le cabinet du Conseil.

On monte directement au troisième étage. Sur le palier à droite, une porte vitrée donne accès à un supplément de bibliothèque, qui date de Louis XVI et qui occupe l'emplacement de la pièce des Buffets de la salle à manger d'été de Louis XV, disparue en 1755. On descend quelques marches pour accéder à la grande bibliothèque, établie par Louis XV en 1755 au-dessus du cabinet du Conseil, à l'emplacement du second Petit Appartement de Louis XIV : on y remarque un bureau plat, qui fut exécuté pour le Dauphin, fils de Louis XV, et que Louis XVI utilisa à son tour jusqu'à la Révolution. De cette bibliothèque, descend un escalier qui conduit à la Petite Galerie.

On revient vers l'escalier, dont la dernière volée conduit aux combles où se trouvent encore la forge de Louis XVI et son atelier de mécanique, de serrurerie et d'horlogerie (on ne visite pas). De là, le Roi pouvait gagner un observatoire et le toit de la galerie des Glaces où, comme Louis XV, il aimait à se promener.

A gauche de l'escalier, on pénètre dans un second supplément de bibliothèque : la porte de glaces, près de la fenêtre, ouvrait autrefois sur le cabinet de physique et de chimie de Louis XVI, détruit au xixe siècle.

Avant 1750, le supplément de bibliothèque était la salle de bains de la marquise de Pompadour : la pièce ne communiquait donc pas avec l'escalier, mais elle était rattachée à l'appartement de la favorite, que l'on visite maintenant en quittant momentanément le Petit Appartement du Roi.

L'appartement de la marquise de Pompadour, d'où l'on jouit d'une vue magnifique sur le parterre du Nord et la forêt de Marly, est situé dans l'attique surmontant le Grand Appartement du Roi, au-dessus des salons de Mercure et d'Apollon. Il fut d'abord habité, en 1743-1744, par la duchesse de Châteauroux et sa sœur la duchesse de Lauraguais. Après la mort de madame de Châteauroux, Louis XV le donna à madame de Pompadour, qui l'occupa de 1745 à 1750.

On traverse une garde-robe aux habits[1] où l'on rangeait les robes de la favorite et au-dessus de laquelle se trouve la chambre de la femme de chambre de veille. A gauche, quelques marches conduisent à la calotte du salon de la Guerre, autour de laquelle Louis XV avait fait aménager quelques pièces minuscules, tendues de damas de différentes couleurs, et aujourd'hui disparues.

On pénètre de là dans un cabinet[2], puis dans le salon de compagnie[3], qui fut d'abord la chambre de madame de Châteauroux, puis, jusqu'en 1748, celle de madame de Pompadour. Les belles boiseries étaient peintes en «vernis Martin» blanc et vert. Le mobilier de qualité qu'on y voit aujourd'hui date du xviiie siècle, mais il n'a pas appartenu à madame de Pompadour. Derrière l'alcôve, se trouvent un cabinet de chaise et une chambre de domestique.

Les deux pièces suivantes n'en formaient qu'une à l'origine : c'était le salon de compagnie, qui fut divisé en 1748 pour former une antichambre[4] et la nouvelle chambre[5] de madame de Pompadour, dont les boiseries sont l'œuvre de Verberckt.

Au-delà de la chambre, se trouvaient deux antichambres, aujourd'hui disparues, dont l'une servait de salle à manger. A proximité, la favorite avait fait placer une «chaise volante», véritable petit ascenseur que l'on manœuvrait au moyen d'une roue et d'un contrepoids.

En 1750, les relations entre Louis XV et la marquise changèrent de nature : ayant cessé d'être sa maîtresse, elle resta cependant son amie et sa confidente. C'est alors qu'elle quitta cet appartement pour s'installer au rez-de-chaussée du château, où les filles cadettes du roi ne tardèrent pas à devenir ses voisines.

On revient vers l'escalier semi-circulaire, et l'on reprend la visite du Petit Appartement du Roi en redescendant au deuxième étage. Sur le palier à droite, on aperçoit, par la porte vitrée, l'ancien cabinet du tour de Louis XV, transformé par Louis XVI en cabinet de menuiserie[6].

La porte de gauche donne accès à une série de pièces, une dizaine en tout, qui, pendant une quarantaine d'années, constituèrent la partie la plus importante du Petit Appartement du Roi. Occupées à titre provisoire, en 1766-1767, par Marie Josèphe de Saxe, elles furent habitées, de 1769 à 1774, par la comtesse Du Barry, et sont connues aujourd'hui sous le nom d'appartement de madame Du Barry.

La première pièce est l'ancienne bibliothèque aménagée pour Louis XV en 1726[7]. En 1766, la Dauphine Marie-Josèphe en fit une garde-robe aux habits, qui servit plus tard à madame Du Barry. Après le départ de cette dernière, Louis XVI en fit un cabinet du tour et lui donna son aspect actuel.

De là, on passe dans une petite galerie dont Louis XV avait fait également une bibliothèque[8] : il y conservait, en particulier, sa collection de cartes géographiques et de tableaux chronologiques, qui étaient présentés sur des rouleaux à ressorts, et qu'on pouvait dérouler comme des stores. Transformée par la Dauphine en garde-robe qui servit ensuite à madame Du Barry, elle redevint galerie de géographie sous Louis XVI : sur des consoles, étaient posées des maquettes de vaisseaux de la marine royale, des sphères et les premières machines électriques.

Les deux pièces suivantes occupent l'emplacement d'une bibliothèque de Louis XV qui, en 1751, la transforma en salle à manger. En 1763, la pièce est divisée pour former une nouvelle salle de bains[9], dont les boiseries sont peintes en « vernis Martin » jonquille et bleu et un cabinet[10] peint en jonquille et lilas qui, pendant quelques mois, servira de cabinet intérieur à Marie-Josèphe de Saxe.

La salle à manger[11] au décor vert et blanc, a été créée en 1738, et c'est de cette époque que datent la ravissante cheminée et les voussures des fenêtres (fig. 88) : elle servait alors de salle à manger d'hiver à Louis XV, qui en avait une autre pour l'été à l'étage supérieur. A partir de 1751, elle servit d'antichambre à la salle à manger voisine, avant de devenir, en 1763, la chambre des Bains du Roi. La Dauphine en fit sa chambre et elle y mourut le 13 mars 1767. Madame Du Barry lui rendit sa destination première d'une salle à manger, et la pièce précédente devint alors une pièce des Buffets.

Louis XVI affecta les trois pièces que l'on vient de voir à Thierry de Ville d'Avray, son Premier valet de chambre.

Les salles suivantes sont situées dans le comble du château-vieux, en bordure de la cour de Marbre, ce qui explique la profondeur des embrasures des fenêtres, qui sont en fait des lucarnes. Louis XV les fit aménager à partir de 1735, au

III

88

moment où il entreprenait la création de ses cabinets intérieurs, situés exactement au-dessous et destinés à devenir la
nouvelle chambre, le cabinet de la Pendule et le cabinet d'angle.
Les deux premières pièces n'en formaient qu'une à l'origine : c'était la Petite Galerie, éclairée par cinq fenêtres et
cintrée à l'une de ses extrémités. Les boiseries étaient alors
peintes en vernis Martin blanc et « couleur d'or », et elles encadraient neuf tableaux représentant des chasses aux animaux
exotiques, qui étaient l'œuvre des peintres les plus célèbres
du temps : Lancret, Boucher, Pater, Van Loo, de Troy et Parrocel.
En 1766-1767, la Petite Galerie servit de grand cabinet à
la Dauphine. Après sa mort, elle fut divisée pour former deux
salons : les tableaux des chasses en furent retirés (ils sont
aujourd'hui au musée d'Amiens), et une boiserie plus simple
remplaça la boiserie d'origine ; celle-ci subsiste cependant
dans les embrasures des fenêtres.
Deux ans plus tard, le premier salon devint le grand
cabinet[12] de madame Du Barry (fig. 89), qui le fit dorer, ainsi
que les deux pièces adjacentes, et le meubla de deux canapés
et dix-huit chaises en bois sculpté et doré. La cheminée en
griotte date de la création de la Petite Galerie ; elle supporte
un buste en terre cuite de madame Du Barry d'après Pajou.
La chambre[13] de la favorite est la deuxième pièce obtenue
par la division de la Petite Galerie, dont elle garde l'extrémité
cintrée. Madame Du Barry eut ici une somptueuse commode
ornée de panneaux en porcelaine de Sèvres, et un lit à colonnes
que remplace aujourd'hui un beau lit de repos ayant appartenu
à Marie-Antoinette. La statuette de Vénus, dont le visage n'est
pas sans rappeler celui de madame Du Barry, est attribuée à

88
La salle à manger
de Madame Du Barry

Pajou. Derrière le mur du fond, se trouvent un cabinet de chaise[14] et la chambre de la femme de chambre de veille[15]. Un escalier dérobé, à droite de la cheminée, conduit à la bibliothèque (fig. 90) aménagée par Louis XV au-dessus du cabinet du Conseil et non loin de l'escalier semi-circulaire. On revient sur ses pas jusqu'à la pièce d'angle[16], d'où l'on a une belle vue sur la cour Royale. Ce fut d'abord une salle à manger de Louis XV, et l'on y voyait alors deux tableaux représentant *le Déjeuner d'huîtres*, par de Troy, et *le Déjeuner de jambon*, par Lancret (ils sont aujourd'hui au château de Chantilly). En 1738, après la création de la salle à manger d'hiver que l'on vient de voir, cette pièce devint un salon des Jeux. La Dauphine en fit son salon des Nobles, et madame Du Barry à nouveau un salon des Jeux. Elle y plaça deux commodes, l'une en laque et l'autre en porcelaine de Sèvres. On y remarque aujourd'hui un beau portrait de *Louis XV* à la fin de sa vie, peint en 1773 par Vincent de Montpetit. Un réduit aménagé sous la pente du toit abritait la «braisière» sur laquelle le roi faisait chauffer son café.

On traverse une antichambre[17], dont les boiseries sont peintes en jonquille et blanc et qui ouvre sur le Degré du Roi.

Trois marches conduisent à une ravissante bibliothèque[18] qui, à l'origine, ne faisait pas partie de l'appartement : elle avait été aménagée en 1756 pour Madame Adélaïde, au-dessus de son cabinet intérieur du premier étage. Lorsque, en 1769, la princesse alla s'installer au rez-de-chaussée auprès de ses sœurs, madame Du Barry se fit attribuer sa bibliothèque : on ouvrit alors une porte de communication et la pièce fut agrandie d'une niche abritant un sofa. Sur une table, est placée la cage du perroquet de madame Du Barry, en cuivre et fleurs de porcelaine.

89

89
Le grand cabinet
de Madame Du Barry

90
La bibliothèque

90

Le petit appartement suivant fut aménagé en 1753, à l'emplacement de la voûte de l'escalier des Ambassadeurs et du cabinet de distillation de Louis XV. Situé au-dessus de l'appartement de Madame Adélaïde, il était destiné à sa dame d'honneur, la duchesse de Beauvillier. De 1769 à 1774, il fut habité par mademoiselle Du Barry, belle-sœur de la favorite. Après le départ de cette dernière, Louis XVI y logea le comte de Maurepas, dont il avait fait son conseiller secret. En 1781, l'appartement fut attribué au duc de Brissac, capitaine colonel des Cent Suisses.

L'appartement comprend trois pièces principales : une antichambre[19], un grand cabinet[20] et une chambre[21]. Dans le grand cabinet, on remarque un portrait en grisaille du comte de Maurepas, une commode en tôle peinte portant la marque du château de Compiègne et un élégant mobilier de Boulard exécuté pour le château de Versailles.

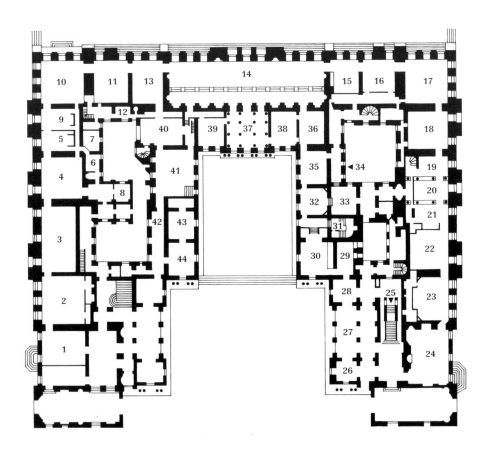

Les appartements du Dauphin, de la Dauphine et de Mesdames

Visite sous la conduite d'un conférencier

Ces appartements sont situés au rez-de-chaussée du château-neuf, sous les Grands Appartements du Roi et de la Reine. Ce fut, de tout temps, l'un des secteurs les plus importants du château, tant par la qualité de ses habitants que par le luxe de sa décoration.

Louis XIV avait fait aménager, à l'angle nord-ouest, un somptueux appartement des Bains, qu'une galerie séparait de l'appartement double, situé à l'angle sud-ouest, qu'occupaient Monsieur et Madame, le frère et la belle-sœur du Roi.

En 1684, Monsieur et Madame allèrent s'installer au premier étage de l'aile du Midi, et leurs appartements furent donnés à leur neveu le Dauphin, dit «Monseigneur», au moment où son épouse, Marie-Anne de Bavière, prenait possession de l'appartement de la Reine, situé au-dessus et rendu vacant par la mort de la reine Marie-Thérèse.

Monseigneur était un prince indolent et borné, mais c'était un véritable amateur d'art, et ses collections de tableaux et de gemmes pouvaient presque rivaliser avec celles du Roi. Pour les présenter dignement, il réunit les deux logements de Monsieur et de Madame et les agrandit de deux pièces, créant ainsi un vaste appartement, qu'il décora avec le luxe le plus raffiné et dont il fit l'une des merveilles de Versailles. Lorsqu'il mourut, le 14 avril 1711, l'appartement fut donné à son fils aîné, le duc de Bourgogne, dont l'épouse occupait, depuis leur mariage en 1697, l'appartement de la Reine où la Dauphine Marie-Anne était morte en 1690. A la mort de ces deux princes, en février 1712, l'appartement de Monseigneur fut divisé pour loger son troisième fils, le duc de Berry, et son épouse.

Lors du retour de la cour à Versailles en 1722, l'appartement de Monseigneur fut reconstitué pour le Régent, qui y mourut le 2 décembre 1723. Le jeune Dauphin, fils de Louis XV, l'occupa de 1736 à 1745, date de son premier mariage. Il revint en 1747 avec sa seconde épouse, Marie-Josèphe de Saxe : c'est alors que l'ancien appartement de Monseigneur fut à nouveau divisé pour former deux logements distincts pour le jeune couple, qui les habita jusqu'à la mort du Dauphin, le 20 décembre 1765.

Le nouveau Dauphin, futur Louis XVI, s'installa dans l'ancien appartement de sa mère, Marie-Josèphe de Saxe, augmenté de la bibliothèque de son père : il était prévu, en effet, de loger sa future épouse, Marie-Antoinette de Lorraine, archiduchesse d'Autriche, dans l'appartement de la Reine, qui était resté inoccupé depuis la mort de Marie Leszczinska, le 24 juin 1768, et qu'on remettait en état. Cependant, le jour du mariage (16 mai 1770), ces travaux n'étaient pas terminés ; en attendant leur achèvement, il fut décidé de loger provisoirement la Dauphine Marie-Antoinette dans l'ancien appartement du père de son époux, qu'elle quitta, quelques mois plus tard, pour s'installer définitivement dans l'appartement de la Reine.

Dès son avènement en 1774, Louis XVI prit possession de l'appartement du Roi au premier étage, et les appartements du Dauphin et de la Dauphine furent affectés à son frère et à sa belle-sœur, le comte et la comtesse de Provence, qui les occupèrent jusqu'en 1787. A cette date, en effet, ils durent céder la place au Dauphin, fils de Louis XVI, et à son gouverneur le duc d'Harcourt ; à la mort du jeune prince, le 4 juin 1789, les deux appartements furent donnés à son frère cadet, le futur Louis XVII, et à sa sœur Madame Royale, qui les habitèrent jusqu'au 6 octobre 1789.

Symétrique à l'appartement du Dauphin, l'appartement des Bains était sans doute l'une des créations les plus originales de Louis XIV. Il était composé de cinq salles, décorées de marbres, de peintures, de sculptures et de bronzes dorés : le vestibule dorique, l'antichambre ionique, le grand cabinet, la chambre des bains et le cabinet des bains.

En 1685, il fut attribué à la marquise de Montespan, qui ne l'habita guère. En 1691, il passa au duc du Maine, fils légitimé du Roi et de la marquise, puis, après son mariage l'année suivante, à son frère cadet le comte de Toulouse. Ce dernier l'occupa longtemps seul, jusqu'à son propre mariage en 1723 ; il le laissa alors à son épouse et fit aménager pour lui-même, au-delà du vestibule dorique, un nouvel appartement, composé de trois pièces principales, qui à sa mort, le 1er décembre 1737, passa à son fils unique, le duc de Penthièvre. Celui-ci l'occupa d'abord seul, puis après son mariage en 1744, le partagea avec son épouse, Marie-Thérèse d'Este-Modène.

En 1750, le duc et la duchesse de Penthièvre cédèrent leur appartement à la marquise de Pompadour qui, jusque-là, habitait deux étages au-dessus, dans l'attique du Grand Appartement du Roi ; elle y fit faire d'importants travaux, l'agrandit, le décora et le meubla avec la plus grande élégance ; elle y mourut le 14 avril 1764. Deux ans plus tard, l'appartement fut donné à Marie-Josèphe de Saxe, devenue veuve ; mais la Dauphine mourut, le 13 mars 1767, sans avoir eu le temps d'en prendre possession. Il passa alors à Madame Victoire et enfin, en 1769, à Madame Adélaïde, qui l'occupa jusqu'au 6 octobre 1789.

C'est en 1750 également que la comtesse de Toulouse cessa d'habiter l'ancien appartement des Bains : pendant vingt-cinq ans, elle y avait reçu presque chaque jour la visite de Louis XV, qui appréciait l'esprit et la vertu de sa grand'tante et lui témoignait beaucoup d'affection. L'appartement passa alors à son fils et à sa bru, mais le duc et la duchesse de Penthièvre n'en eurent pas longtemps la jouissance : dès 1752, en effet, Madame Adélaïde, la fille aînée de Louis XV, s'y installa pendant quelques mois, en attendant que soit prêt le logement que le Roi lui destinait près du sien au premier étage. Après son départ, ses sœurs cadettes, Mesdames Victoire, Sophie et Louise, l'occupèrent à leur tour et y vécurent ensemble jusqu'en 1767. Pendant les deux années suivantes, il fut habité uniquement par Madame Sophie qui, en 1769, le céda à sa sœur Victoire, qui avait dû laisser le sien à Madame Adélaïde. Madame Sophie s'installa alors dans un nouvel appartement créé à son intention à l'emplacement d'une partie de la galerie basse, dont Madame Louise occupait l'autre partie. En 1770, Madame Louise quittait définitivement Versailles pour le carmel de Saint-Denis. Quelques années plus tard, Madame Sophie put agrandir son appartement qui occupa alors entièrement l'emplacement de la galerie basse ; elle y mourut le 5 mars 1782. Madame Victoire resta seule avec sa sœur Adélaïde et quitta Versailles avec elle, le 6 octobre 1789.

A la veille de la Révolution, tous ces appartements comptaient parmi les plus luxueux et les plus élégants du château. Louis-Philippe les détruisit presque entièrement lors de la création des «Galeries historiques» en 1837 ; mais une partie importante du décor disparu fut conservé dans les réserves du musée, ce qui a permis de reconstituer ces appartements dans l'état où ils se trouvaient en 1789, date à laquelle le château a cessé d'être habité et où l'évolution de son décor a été définitivement figée.

Dans ces appartements, ainsi que dans le logement du capitaine des Gardes qui leur fait suite au rez-de-chaussée du château-vieux, sont présentées les collections du XVIIIe siècle, qui illustrent les règnes de Louis XV et de Louis XVI, de 1715 à 1789.

L'appartement de la Dauphine

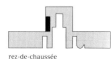

rez-de-chaussée

La première antichambre[1]
(7,83 m × 9,94 m × 5,07 m)

Cette salle correspond à une partie de l'emplacement d'une chapelle, qui occupait la hauteur du rez-de-chaussée et du premier étage. Cette chapelle fut détruite en 1682 et remplacée alors par un appartement où se succédèrent la duchesse de Montpensier, dite «la Grande Mademoiselle» (1692-1693), le Grand-Aumônier de France (1693-1706) et le Grand-Maître de la garde-robe du Roi (1706-1712). En 1712, cet appartement fut remplacé par une salle des Gardes pour le duc de Berry. A la mort de ce prince, le 4 juillet 1714, cette salle fit partie de l'appartement du maréchal de Villars. En 1747, elle fut réduite d'un tiers de sa surface pour former la première antichambre de la Dauphine.

Les tableaux qui y sont présentés évoquent l'avènement et le sacre de Louis XV. On y voit notamment deux portraits du jeune *Roi* l'un peint en 1716, peu après son avènement, par Hyacinthe Rigaud (fig. 91), l'autre en 1723 par Alexis-Simon Belle, qui l'a représenté revêtu du costume du sacre. Portraits de *Philippe d'Orléans, Régent de France,* par Jean-Baptiste

91

92

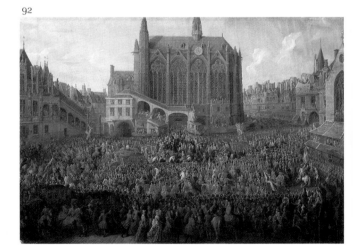

Santerre, et de deux parlementaires inconnus par Nicolas de Largillière. Deux tableaux de Pierre-Denis Martin représentent *la Sortie du lit de justice, le 12 septembre 1715* (fig. 92), et *la Cavalcade du Roi après le sacre, le 22 octobre 1722.*

La seconde antichambre[2]
(11,30 m × 9,98 m × 5,10 m)

C'est ici qu'avait d'abord été prévue la chapelle, aménagée finalement dans la salle précédente. Divisée à l'origine en quatre petites pièces, cette salle fit partie jusqu'en 1693 de l'appartement de la Grande Mademoiselle. Elle devint ensuite le vestibule de l'appartement de Monseigneur, puis de son fils aîné le duc de Bourgogne. Antichambre du duc de Berry de 1712 à 1714, elle fit ensuite partie de l'appartement du maréchal de Villars et devint enfin, en 1747, la seconde antichambre de la Dauphine.

En dessus-de-porte, les portraits de *Marie Leszczinska en costume royal* et d'une duchesse inconnue, ainsi que deux tableaux de fleurs par Blain de Fontenay. Sur la belle cheminée de sérancolin, qui provient peut-être de la chambre de Marie Leszczinska au premier étage, un buste du *Régent* par Jean-Louis Le Moyne (fig. 93).

93

91
Hyacinthe Rigaud
Louis XV, 1716

92
Pierre-Denis Martin
*la Sortie du lit de Justice,
le 12 septembre 1715*

93
Jean-Louis Le Moyne
*Philippe d'Orléans
Régent de France,*
1715

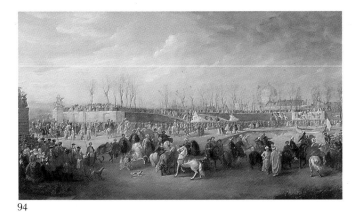

94

Portrait équestre de *Louis XV* par Jean-Baptiste Van Loo
et Charles Parrocel en 1723. Charmant portrait, par Belle, de
la jeune et éphémère fiancée du Roi, sa cousine *Marie-Anne-*
Victoire de Bourbon, Infante d'Espagne, fille de Philippe V
(fig. 95). Belle est également l'auteur du portrait des *Enfants*
de Béthisy (fig. 96).

Le portrait de *Pierre le Grand,* par Jean-Marc Nattier,
rappelle le séjour du tzar à Versailles en mai 1717. François
Boucher a peint le jeune *Louis XV en pèlerin de Cythère,* et
Charles Parrocel a représenté *l'Entrée dans le jardin des Tui-*
leries de l'ambassadeur turc Mehemet Effendi, le 21 mars 1721
(fig. 94).

95 96

97

Le grand cabinet[3]
(15,17 m × 8,31 m × 5,12 m)

94
Charles Parrocel
*l'Entrée de Mehemet
Effendi dans le jardin
des Tuileries,
le 21 mars 1721*

95
*Alexis-Simon Belle
Marie-Anne-Victoire
de Bourbon, Infante
d'Espagne,* 1723

96
Alexis-Simon Belle
*les Enfants
de Béthisy,* 1716

97
Le grand cabinet
de la Dauphine

Cette salle était, à l'origine, divisée en plusieurs pièces qui formaient l'appartement de Mademoiselle, fille aînée de Monsieur, devenue reine d'Espagne en 1678. L'appartement fut alors donné à la marquise de Thiange, sœur de la marquise de Montespan, qui l'occupa jusqu'à sa mort en 1693. C'est alors que fut créée la salle actuelle, qui devint la salle des Gardes de Monseigneur. Divisée à nouveau en 1712 pour former la chambre et le cabinet du duc de Berry, elle redevint une salle des Gardes pour la duchesse de Berry, de son veuvage en 1714 à sa mort en 1719. Elle servit également de salle des Gardes au Régent, puis au Dauphin, fils de Louis XV, de 1736 à 1744, avant de devenir le grand cabinet de son épouse Marie-Josèphe de Saxe (fig. 97).

Il fut alors décoré de boiseries sculptées et dorées, qui ont malheureusement disparu; mais on a pu restituer, d'après les dessins originaux de Gabriel, la bordure d'un des cinq miroirs et replacer, sous ce miroir, la console d'origine. Sur cette console, est présenté le baromètre exécuté pour le Dauphin, futur Louis XVI, qui occupa jusqu'à son avènement cet appartement qui avait été celui de sa mère.

Les dessus-de-porte représentent *Psyché et l'Amour dans un char* et *l'Amour quittant Psyché*; ils ont été peints par Carle Van Loo pour l'appartement de la première épouse du Dauphin, Marie-Thérèse-Raphaelle de Bourbon, dans l'aile du Midi.

La reine *Marie Leszczinska* est représentée ici deux fois : au moment de son mariage en 1725, par Jean-Baptiste Van Loo, et tenant sur ses genoux son fils le Dauphin, par Belle en 1729 (fig. 98). Ce dernier tableau est encadré par les portraits des parents de la Reine : *Stanislas Leszczinski* et *Catherine Opalinska*, roi et reine de Pologne, par Jean-Baptiste Van Loo. Le portrait du banquier *Samuel Bernard* est l'un des derniers chefs-d'œuvre de Rigaud (fig. 99).

La chambre[4]
(9,67 m × 9,40 m × 5,04 m)

D'abord salle des Gardes de Monsieur, puis de Monseigneur, cette salle devint une antichambre en 1693 ; en 1747, on en fit la chambre de la Dauphine. Rien ne subsiste du riche décor mis en place à cette époque, à l'exception des dessus-de-porte peints par Jean Restout et représentant *Psyché fuyant la colère de Vénus* et *Psyché implorant le pardon de Vénus*.

Portrait du *Dauphin* à l'âge de dix ans, par Louis Tocqué, et de ses sœurs, parmi lesquels on remarque ceux de *Madame Henriette en Flore* (1742) et de *Madame Adélaïde en Diane* (1745) tous deux par Jean-Marc Nattier.

Beau lit «à la polonaise» par Nicolas Heurtaut et, sur la console entre fenêtres, modèle de carrosse exécuté par Chobert pour le Dauphin.

98

99

101

102

Le cabinet intérieur[5]
(5,86 m × 4,87 m × 5,03 m)

Cette petite pièce (fig. 100) et la suivante n'en formèrent longtemps qu'une seule, qui fut d'abord l'antichambre de Monsieur, puis de Monseigneur, avant de devenir en 1693 la chambre de ce dernier. Elle fut également la chambre du Régent, puis du Dauphin enfant, mais fut divisée en 1747 pour former un cabinet intérieur pour la Dauphine et un cabinet de retraite pour le Dauphin : les appartements du jeune couple communiquaient donc par leurs pièces les plus retirées, ce qui préservait, dans une certaine mesure, leur intimité conjugale.

Le charmant décor de boiseries au naturel en «vernis Martin» subsistait en partie; il a été complété et l'on a pu également replacer les dessus-de-porte représentant les *Quatre Saisons* que Jean-Baptiste Oudry avait peints pour cette pièce en 1749 (fig. 101).

Antoine Gaudreaux est l'auteur de la commode, et Bernard Van Rysenburgh celui du bureau à pente (fig. 102) : ces deux meubles admirables ont été exécutés en 1745 pour la première Dauphine et ils ont ensuite servi à la seconde. A droite de la niche, qui abritait autrefois un sofa, une porte vitrée donne accès aux arrières-cabinets.

Les arrière-cabinets[6]

Ils se visitent avec les Cabinets intérieurs de la Reine. Ces petites pièces s'éclairent sur deux cours intérieures, dites «cour de Monseigneur» ou «de la Reine», et «cour de Monsieur.» Remaniées à plusieurs reprises, elles ne gardent aucune trace de leur décor d'origine; cependant, la boiserie de l'une d'entre elles a été remontée par Marie-Antoinette dans ses cabinets intérieurs.

Les arrière-cabinets ont été réaménagés une dernière fois sous la Restauration pour la duchesse d'Angoulême, ex-Madame Royale : la fille de Louis XVI retrouvait ainsi, vingt-cinq ans plus tard, l'appartement qu'elle avait occupé, dans son enfance, durant l'été de 1789.

Elle transforma en salle de bains[7] l'ancien cabinet de la Méridienne de la comtesse de Provence, en conservant les fines boiseries mises en place en 1781. Elle décora les six autres cabinets de boiseries simplement moulurées et peintes de couleurs claires. Dans la bibliothèque[8], sont placées quatre des six encoignures exécutées par Riesener pour la salle à manger de la comtesse de Provence qui occupait le même emplacement.

L'appartement du Dauphin

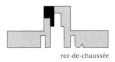

rez-de-chaussée

La salle des Gardes, par laquelle on pénétrait dans l'appartement du Dauphin, est située à l'extrémité de l'enfilade des pièces qui le composent. La visite se fait donc dans le sens inverse de l'ordre normal de succession des pièces.

La bibliothèque[9]
(6,99 m × 4,19 m × 5,05 m).

Cette pièce harmonieuse servait de cabinet de retraite et de travail au fils de Louis XV (fig. 103); elle fut utilisée plus tard par son propre fils, le futur Louis XVI, lorsqu'il habita, étant Dauphin, l'ancien appartement de sa mère.

Ces boiseries datent de 1755 et les anges musiciens de la corniche rappellent les goûts du fils de Louis XV qui chantait, jouait de l'orgue et faisait régulièrement de la musique de chambre avec ses sœurs. En dessus-de-porte, quatre «marines» peintes par Joseph Vernet (fig. 104).

104

103

Sur la commode, exécutée pour cette pièce par Criaerd,
est placée une plaque en porcelaine de Sèvres représentant la
bataille de Fontenoy (11 mai 1745) à laquelle assista le Dauphin,
alors âgé de quinze ans. Le bureau plat a été livré par Gaudreaux en 1744 pour Louis XV et il a servi ensuite à son fils.

Le grand cabinet[10]
(10,16 m × 10,11 m × 5,02 m)

A l'origine, il y avait ici trois pièces : la chambre et le
cabinet de Monsieur, le cabinet de Madame ; elles servirent
ensuite à Monseigneur qui les réunit en 1693 pour former la
grande salle actuelle (fig. 107). Le décor en fut renouvelé en
1747 pour le fils de Louis XV, mais seules la cheminée et une
partie des boiseries sculptées par Verberckt ont subsisté.

Pour orner les dessus-de-porte, le Dauphin avait demandé
à Nattier de représenter ses sœurs Elisabeth, Henriette, Adélaïde et Victoire, avec les attributs des Quatre Eléments. Ces
tableaux sont aujourd'hui au musée de Sao Paolo (Brésil), et
sont remplacés ici par des œuvres de Charles-Joseph Natoire
provenant d'appartements princiers, maintenant disparus, de
Versailles et de Marly : *Télémaque dans l'île de Calypso, La
Beauté rallume le flambeau de l'Amour, le Repos de Diane* et
Bacchus et Ariane.

103
La bibliothèque
du Dauphin

104
Joseph Vernet
Marine, 1762

106

105

105
Jean-Marc Nattier
Madame Victoire,
1748

106
Jean-Marc Nattier
Madame Louise, 1748

ınd cabinet
uphin

107

108

109

108
Bernard Van
Rysenburgh
bureau du Dauphin,
1745

109
Mancelle
globe terrestre et
céleste, 1781

Les portraits de *Mesdames Adélaïde, Victoire* (fig. 105), *Sophie* et *Louise* (fig. 106), comptent parmi les œuvres les plus célèbres de Nattier. Les trois derniers ont été peints en 1748 à l'abbaye de Fontevrault, où les jeunes princesses étaient élevées, et offerts par Louis XV à la Reine; celui de Madame Adélaïde fut exécuté l'année suivante à la demande de sa sœur aînée Madame Elisabeth, duchesse de Parme.

L'admirable bureau plat du Dauphin est l'œuvre de Bernard Van Rysenburgh (fig. 108). Les sièges, par Georges Jacob, proviennent du salon des Jeux de Louis XVI au château de Saint-Cloud. Le globe céleste et terrestre, renfermant un second globe où sont figurés les reliefs émergés et sous-marins, a été exécuté par Mancelle en 1781, à la demande de Louis XVI qui le destinait à l'éducation de son fils (fig. 109).

La chambre[11]

(10,11 m × 7,83 m × 5,20 m)

C'est l'ancien cabinet doré de Monseigneur, dont le plafond avait été peint par Mignard, et où le fils de Louis XIV exposait sa collection de tableaux. Ce fut plus tard le cabinet de travail du Régent, qui y mourut le 2 décembre 1723. Derrière le mur du fond, se trouvait la petite chambre dite «le Caveau». En 1747, cette pièce fut agrandie et transformée en chambre à coucher (fig. 110). Elle a conservé l'intégralité de son décor : boiseries sculptées par Verberckt sur des dessins de Gabriel; cheminée en griotte enrichie des figures en bronze doré de Flore et de Zéphyr, par Jacques Caffiéri; dessus-de-porte peints par Jean-Baptiste Pierre et représentant *Junon demande sa ceinture à Vénus* et *Junon trompe Jupiter avec la ceinture de Vénus.*

Sur la cheminée, buste en marbre de *Marie Leszczinska,* attribué à Guillaume Coustou; dans l'alcôve, portraits, par Louis-Michel Van Loo, de la première épouse du Dauphin, *Marie-Thérèse-Raphaelle de Bourbon,* Infante d'Espagne, et de ses parents, le roi *Philippe V* et la reine *Elisabeth Farnese.*

Le Dauphin avait commandé à Oudry un tableau représentant une ferme, qui est aujourd'hui au Louvre; la copie exposée ici est l'œuvre de Marie Leszczinska, qui était l'élève du peintre : elle est signée «Marie, Reine de France».

La belle bibliothèque en laque rouge est l'œuvre de Van Rysenburgh (fig. 111); Marie-Josèphe de Saxe en possédait une semblable.

La porte sous tenture de l'alcôve donne accès à un escalier conduisant à l'appartement de la Reine, à un cabinet de chaise et à une salle de bains[12] aménagée pour le Dauphin, fils de Louis XVI, à l'emplacement d'une partie du «caveau» de Monseigneur.

La seconde antichambre[13]

(10,19 m × 7,02 m × 5,22 m)

Les deux tiers de cette salle correspondent au cabinet des Glaces de Monseigneur, qui était l'une des pièces les plus somptueuses de son appartement : dans le parquet de marqueterie, s'inscrivaient les chiffres entrelacés du prince et de son épouse; le plafond et les murs étaient entièrement revêtus de miroirs enchâssés dans des encadrements de marqueterie d'ébène, d'étain et de cuivre, où se réfléchissaient les gemmes enrichies de pierres précieuses, les porcelaines et les cristaux de roche, posés sur des consoles de bois doré. En 1747, la

110

111

110
La chambre
du Dauphin

111
Bernard Van
Rysenburgh
bibliothèque en laque
rouge, 1750

113

112

pièce fut agrandie et son merveilleux décor disparut pour faire place à de simples boiseries moulurées.

Ici sont exposés quelques-uns des chefs-d'œuvre de Jean-Marc Nattier : la reine *Marie Leszczinska en robe d'intérieur* (1748) (fig. 112), *Madame Elisabeth, duchesse de Parme, en costume de chasse* (1760), sa fille *l'Infante Isabelle* (1751), *la Dauphine Marie-Josèphe de Saxe* (1750), son fils aîné *le Duc de Bourgogne* (1754) et *Madame Adélaïde faisant des nœuds* (1756) (fig. 113). Entre les fenêtres, est accrochée une ravissante esquisse pour le portrait de Madame Adélaïde sous la figure de l'Air, l'un des Quatre Eléments peints par Nattier pour le grand cabinet du Dauphin.

La première antichambre[40]
(8,60 m × 6,20 m × 5 m)

Cette salle, qui s'éclaire par une large fenêtre sur la cour de Monseigneur, donne accès à la seconde antichambre du Dauphin. Le visiteur retrouve donc ici l'appartement dont il a traversé précédemment les pièces principales.

Les deux petites fenêtres carrées éclairent en second jour le «passage du Roi» que Louis XVI fit établir en 1775 pour faire communiquer son appartement avec celui de la Reine. C'est par ce passage que cette dernière se rendait à son Petit Appartement; et c'est par là qu'au matin du 6 octobre 1789,

Louis XVI courut chercher ses enfants, tandis que la Reine s'enfuyait par le corridor du premier étage. La porte située à gauche de la grande fenêtre ouvre sur un escalier conduisant à la seconde antichambre du Roi ou salon de l'Œil-de-bœuf.

Portrait du *Comte d'Angiviller*, directeur des Bâtiments du Roi, par Duplessis, du *Maréchal de Castries* par Joseph Boze, et de *Joseph Foulon*, intendant général de la Guerre et de la Marine, qui a été pendu le jour de la prise de la Bastille.

La salle des Gardes[41]
(11,20 m × 9 m × 5 m)

Elle a été aménagée en 1747 à l'emplacement de l'appartement du Grand Maître de la garde-robe du Roi : c'est alors que le sol fut abaissé, ainsi que celui de la salle précédente, pour être mis au niveau des autres pièces de l'appartement du Dauphin : cette salle est donc située en contrebas de la cour de Marbre, à laquelle conduit le perron.

Sur la cheminée, beau portrait de la *Reine Marie-Antoinette* par Louise-Elisabeth Vigée-Lebrun en 1788 (fig. 140), et en face, portrait du *Prince de Bauffrémont* par Adélaïde Labille-Guiard en 1791.

114

112
Jean-Marc Nattier
*la Reine Marie
Leszczinska*, 1748

113
Jean-Marc Nattier
*Madame Adélaïde
faisant des nœuds*,
1756

114
Elisabeth Vigée-
Lebrun
*la Reine Marie-
Antoinette*, 1784

La galerie basse[14]

Construite par Louis Le Vau en 1669, elle est constituée en réalité de deux galeries parallèles, séparées par des piliers supportant la retombée des voûtes et un emmarchement rattrapant la différence de niveau entre le château-vieux et le château-neuf : ces galeries assurent donc le passage de la cour de Marbre aux jardins (fig. 115).

La galerie principale, appelée parfois « péristyle » mesure 36,60 m × 6 m × 5 m. Elle est couverte d'une voûte en anse de panier et elle est éclairée par neuf baies qui, à l'origine, étaient fermées par des grilles dorées. Elle supportait alors une terrasse de mêmes dimensions qui disparut en 1678 lors de la création de la galerie des Glaces.

La galerie basse a été détruite à la fin du règne de Louis XV pour former un appartement destiné à sa fille Sophie ; cet appartement, profondément modifié sous Louis XVI, a disparu lors de la création des « Galeries historiques » et n'a pu être restitué. La galerie basse a donc été rétablie dans son état d'origine, ce qui a permis de recréer la transparence entre cour et jardin, que Louis XIV avait voulue et que Louis XV avait connue durant la majeure partie de son règne.

Les travaux ont fait réapparaître sur le mur sud un décor de trophées, retenus par des draperies. Dans les niches entre les fenêtres, sont placées les statues d'*Apollon* par Jean Raon et de *Diane* par Roger, exécutées en 1670 pour ce même emplacement. Dans les niches latérales, on remarque une *Vénus Medicis*, par Clérion, provenant de l'appartement des Bains tout proche, et une *Flore* ayant figuré dans l'appartement du comte de Toulouse.

115

116

117

L'appartement de Madame Victoire

Il correspond pratiquement à l'ancien appartement des Bains, dont le décor a presque entièrement disparu.

La première antichambre[15]
(8,00 m × 6,00 m × 5,10 m)

C'est l'ancien cabinet des bains de Louis XIV : les murs et le sol étaient alors revêtus d'une marqueterie de marbres polychromes, et l'on y voyait une grande piscine octogonale en marbre de Rance, qui se trouve aujourd'hui à l'Orangerie. Cabinet intérieur du comte de Toulouse de 1692 à 1724, de la comtesse de Toulouse de 1724 à 1750 et enfin de Madame Adélaïde de 1752 à 1753. Chambre de Madame Sophie de 1755 à 1767, elle devient alors la première antichambre de cette princesse, puis en 1769 celle de Madame Victoire.

Portraits du *Comte d'Artois et de sa sœur Clotilde enfants*, par Drouais, du *Marquis de Marigny*, frère de madame de Pompadour par Tocqué (fig. 116), et de *Louis-Michel Van Loo* par lui-même (fig. 117) : dans ce beau tableau, le peintre, auprès de qui se tient sa sœur, s'est représenté faisant le portrait de leur père Jean-Baptiste.

118

119

Les autres tableaux évoquent la vie des princes du sang dans les dernières années du règne de Louis XV. Dans *la Tasse de chocolat* (fig. 118), Jean-Baptiste Charpentier a représenté la comtesse de Toulouse avec son fils le duc de Penthièvre, et ses petits-enfants le prince et la princesse de Lamballe et mademoiselle de Penthièvre, future duchesse d'Orléans. Les quatre charmantes peintures de Barthélemy Olivier rappellent les fêtes données par le prince de Conti dans son château de l'Isle-Adam et dans son hôtel parisien du Temple : on remarque particulièrement *le Thé à l'anglaise*, où l'on reconnaît le petit Mozart au clavecin (fig. 119).

Au-dessus des portes sont placés les portraits de deux ministres de Louis XV : le *Duc de Choiseul-Stainville* par Louis-Michel Van Loo, et le *Duc de Choiseul-Praslin*, par Alexandre Roslin.

La commode en vernis Martin a été livrée en 1756 pour Madame Adélaïde.

La seconde antichambre ou pièce des Nobles[16]
(7,73 m × 7,13 m × 5,10 m)

C'est l'ancienne chambre des bains, dont le sol et les murs étaient revêtus de marbre ; au fond, dans une alcôve encadrée de colonnes de marbre, était placé un lit de repos. De cette époque datent les volets des fenêtres, avec leur beau décor de dauphins et de congélations.

Ce fut ensuite la chambre du comte de Toulouse, puis de la comtesse de Toulouse, puis de Madame Adélaïde et enfin de Madame Victoire lorsqu'elle partageait cet appartement avec ses sœurs Sophie et Louise. En 1767, on supprima l'alcôve et la pièce devint la seconde antichambre (fig. 120).

Les boiseries ont été faites vraisemblablement pour Madame Victoire. Les tableaux des dessus-de-porte, représentant des *Fables de La Fontaine*, ont été peints par Oudry pour le Dauphin. La commode de Riesener provient de la pièce des Nobles de la comtesse d'Artois dans l'aile du Midi. Un paravent de la Savonnerie d'après Blain de Fontenay et un cartel « au Chinois » en vernis Martin complètent l'ameublement.

118
Jean-Baptiste Charpentier
la Tasse de chocolat,
1767

119
Barthélemy Ollivier
le Thé à l'anglaise chez le prince de Conti, 1766

120
La pièce des Nobles de Madame Victoire

120

Le grand cabinet[17]
(10,13 m × 10,10 m × 4,96 m)

Ce fut d'abord le grand cabinet de l'appartement des Bains, appelé parfois «Cabinet octogone» à cause de la forme de son plafond; il était alors orné d'une peinture de Houasse représentant *Apollon et Daphné*, et de douze figures en «métail» doré symbolisant *les Mois et les signes du Zodiaque*. Ce riche décor disparut en 1763 à la demande de Mesdames, et fut remplacé par une élégante décoration dont il subsiste encore d'importants fragments: la corniche, quelques éléments des magnifiques boiseries sculptées par Verberckt et la belle cheminée en griotte ornée de bronzes dorés (fig. 121).

Le riche mobilier fut livré en 1783 par Jacques Tilliard pour l'appartement du roi de Suède Gustave III, à l'occasion de son séjour à Versailles. Les deux petites commodes entre les fenêtres ont été exécutées par Jean-François Leleu pour la chambre de la duchesse de Bourbon au palais Bourbon à Paris. La pendule de *L'enlèvement d'Europe* est semblable à celle qui ornait la cheminée au temps de Madame Victoire, et le feu aux lions provient de son salon au château de Bellevue. Le clavecin de Blanchet rappelle le talent de la princesse qui jouait «comme une professionnelle» et à qui le jeune Mozart dédia, en 1764, ses six premières sonates pour clavecin.

121

122

Portraits de *Mesdames Sophie et Louise* par Drouais, du *Duc et de la duchesse de Parme*, et, en dessus-de-porte, de *Louis XV*, de *Marie Leszczinska*, de *Stanislas Leszczinski* et de *Madame Infante*.

La chambre[18]
(9,67 m × 9,13 m × 4,89 m)

Ce fut l'antichambre ionique de l'appartement des Bains, ainsi nommée en raison des douze colonnes de marbre qui la décoraient. Seconde antichambre du comte de Toulouse, puis de la comtesse de Toulouse, puis de Madame Adélaïde et enfin de Mesdames cadettes, elle devint en 1767 la chambre de Madame Sophie et en 1769 celle de Madame Victoire (fig. 122). Les belles boiseries sont l'œuvre d'Antoine Rousseau et la tenture d'alcôve en taffetas chiné reproduit le « meuble d'été » de Madame Victoire. En 1769, Péridiez livra les deux encoignures, qui furent vendues à la Révolution, passèrent en Russie puis en Angleterre, où elles ont été rachetées en 1982.

Portraits de *Madame Adélaïde* par Nattier en 1758, de son frère *le Dauphin* et de sa belle-sœur *Marie-Josèphe de Saxe*, par Jean-Baptiste Nivelon. Les portraits de *Mesdames Sophie et Louise*, placés en dessus-de-porte, sont des répliques anciennes des originaux de Drouais exposés dans la salle précédente.

121
Le grand cabinet
de Madame Victoire

122
La chambre
de Madame Victoire

123   124

Le cabinet intérieur[19]
(6,80 m × 4,60 m × 5,02 m)

Cette élégante petite pièce et les deux suivantes n'en formaient qu'une seule à l'origine : c'était le vestibule dorique de
l'appartement des Bains, séparé en trois travées par deux
rangées de colonnes en marbre de Rance, qui subsistent
encore derrière les boiseries. Ce vestibule fut cloisonné dès
1724 pour constituer deux antichambres pour le comte et la
comtesse de Toulouse; l'antichambre de cette princesse fut à
son tour divisée en 1767 pour former ce petit salon et la
bibliothèque suivante.

Antoine Rousseau est l'auteur des admirables boiseries,
dont certaines éléments ont pu être remis en place, ainsi que
la cheminée en sérancolin (fig. 123).

La commode a été livrée en 1768 par Foullet pour l'appartement de Madame Victoire; elle supporte une coupe d'albâtre qui a appartenu à la princesse. La table à écrire a été
exécutée par Levasseur pour Mesdames au château de Bellevue.

La bibliothèque[20]
(7,76 m × 3,55 m × 2,42 m)

Cette pièce fit d'abord partie de l'appartement suivant,
puis elle fut rattachée à celui-ci (fig. 124), elle est entresolée
et, dans l'entresol, se trouve un supplément de bibliothèque.

Les armoires abritent quelques livres reliés aux armes de
Mesdames, un coffret contenant une collection de cartes de
géographie ayant appartenu à Madame Elisabeth, nièce de
Mesdames, des éléments d'un service à café en porcelaine de
Sèvres à décor chinois, livré en 1775 pour Madame Adélaïde,

et une sonnette de table en vermeil au chiffre et aux armes de Madame Victoire.

Le petit bureau à pente a été livré pour Madame Sophie ou Madame Louise en 1760, à leur retour de l'abbaye de Fontevrault. Les chaises ont fait partie du mobilier de Madame Victoire au château de Bellevue.

rez-de-chaussée

L'appartement de Madame Adélaïde

On pénétrait autrefois dans cet appartement par une anti-chambre qui était située à l'extrémité de l'enfilade des salles qui le composent. La visite se fait donc dans le sens inverse de l'ordre normal de succession des pièces.

Le cabinet intérieur[21]
(7,84 m × 4,60 m × 5,02 m)

Cette petite pièce fut créée en 1724, par le cloisonnement du vestibule dorique, pour servir de seconde antichambre au comte de Toulouse. Madame de Pompadour en fit son cabinet particulier qu'elle décora de panneaux de laque à fond rouge ; la pièce était alors moins profonde et elle ouvrait, au fond, sur un arrière-cabinet obscur, où aboutissait l'escalier particulier de Louis XV.

L'aménagement actuel date de Madame Adélaïde, mais seuls subsistent les panneaux sculptés des dessus-de-porte :

123
Le cabinet intérieur de Madame Victoire

124
La bibliothèque de Madame Victoire

125
Le cabinet intérieur de Madame Adélaïde

125

ils encadrent des peintures de Jean-Baptiste Restout représentant *les Quatre Saisons* et provenant du château de Bellevue, résidence de Mesdames (fig. 125).

La commode, par Weisweiler, est celle de la chambre de la comtesse de Provence dans l'aile du Midi. Les sièges ont été exécutés par Séné pour le salon de la duchesse d'Harcourt, épouse du gouverneur du fils aîné de Louis XVI. Les statuettes en terre cuite sont des réductions de la statue de *Louis XV* et du groupe de *l'Amour embrassant l'Amitié*, exécutés tous deux pour les jardins de Bellevue.

Les portraits ovales sont ceux des neveux et nièces de Madame Adélaïde : le *Dauphin*, futur Louis XVI, et ses frères *le Comte de Provence* et *le Comte d'Artois*, tous trois par Louis-Michel Van Loo ; son épouse *la Dauphine Marie-Antoinette* ; ses sœurs *Madame Clotilde*, par Drouais et *Madame Elisabeth*.

La chambre[22]
(9,47 m × 8,95 m × 4,92 m)

Ce fut la chambre à coucher du comte de Toulouse de 1724 à 1737, du duc de Penthièvre de 1737 à 1744 et de la duchesse de Penthièvre de 1744 à 1750. Elle devint alors la chambre de la marquise de Pompadour, qui y mourut le 15 avril 1764. Chambre de Marie-Josèphe de Saxe en 1766, mais la Dauphine mourut, le 13 mars 1767, sans avoir pu s'y installer ; cependant, après sa mort, elle fut exposée ici sur un lit de

127

126

128

parade. Chambre de Madame Victoire de 1767 à 1769, et enfin de Madame Adélaïde de 1769 à 1789 (fig. 126).

Les boiseries ont été vraisemblablement exécutées pour la Dauphine en 1766, à l'exception des bordures des dessus-de-porte, qui sont sans doute un «remploi» du décor de la chambre de madame de Pompadour : elles encadrent quatre peintures de Natoire représentant des allégories de *la Peinture*, de *la Sculpture*, de *l'Architecture* et de *la Musique*.

Dans l'alcôve, dont la tenture évoque le «meuble d'été» de Madame Adélaïde, sont accrochés les portraits de *Louis XV* par Carle Van Loo et de *Mesdames Sophie et Louise* par Drouais. Sur la cheminée, un beau buste du *Dauphin*, frère de Madame Adélaïde, par Augustin Pajou (fig. 127). Les admirables sièges ont été exécutés vers 1770 par Nicolas-Quinibert Foliot et proviennent de l'ancien mobilier royal.

Le grand cabinet[23]
(9,80 m × 7,80 m × 4,99 m)

C'est madame de Pompadour qui donna à cette pièce sa forme actuelle, et la cheminée de sérancolin a été posée pour elle. Les riches boiseries qui l'ornaient ont entièrement disparu, mais on a pu rétablir la corniche faite pour Madame Adélaïde (fig. 128). Le petit orgue a vraisemblablement appartenu à cette princesse, ainsi que le violon dont «elle jouait supérieurement».

Nattier a peint les portraits de ses sœurs aînées : *Madame Elisabeth, duchesse de Parme* et *Madame Henriette jouant de*

126
La chambre
de Madame Adélaïde

127
Augustin Pajou
le Dauphin, fils de
Louis XV, vers 1765

128
Le grand cabinet
de Madame Adélaïde

129
Jean-Marc Nattier
*Madame Henriette
jouant de la basse de
viole,* 1754

130
La salle des
Hoquetons

la basse de viole (fig. 129): Madame Adélaïde avait placé ce dernier tableau dans son grand cabinet. En dessus-de-porte, *Mesdames Victoire, Sophie et Louise* par Drouais. Sur la cheminée, buste de *Madame Elisabeth*, sœur de Louis XVI et nièce de Madame Adélaïde.

La salle des Hoquetons[24]
(12,42 m × 8,75 m × 4,99 m)

On appelait «hoquetons», à cause de leur tunique, les gardes de la Prévôté de l'hôtel, qui étaient chargés de la police intérieure du château. Cette salle, où ils se tenaient habituellement, a reçu en 1672 un décor en trompe-l'œil représentant des trophées d'armes et des statues dans des niches feintes (fig. 130).

Madame de Pompadour avait divisé la salle pour former deux antichambres, qui servirent ensuite à la Dauphine, à Madame Victoire et enfin à Madame Adélaïde, mais qui n'ont pas été rétablies.

Dans les niches sont placées deux statues: un *More* en marbres polychromes provenant des collections des princes Borghese, et une admirable figure de femme drapée dont le corps est antique, mais dont la tête et les bras en bronze sont l'œuvre de l'Algarde, célèbre sculpteur romain du xviie siècle.

L'escalier[25] construit par Louis-Philippe a remplacé un escalier qui permettait à Louis XV de descendre chez ses filles. Avec les salles suivantes, il occupe l'emplacement du Grand

Degré du Roi ou escalier des Ambassadeurs, édifié de 1678 à 1680. Revêtu de marbres polychromes et décoré par Charles Le Brun de peintures allégoriques, ce majestueux degré conduisait au Grand Appartement du Roi. Sous le règne de Louis XV, il ne servait plus guère et le Roi y avait même fait aménager un théâtre démontable. Sa destruction, en 1752, n'en priva pas moins le château d'un de ses plus beaux morceaux d'architecture : une maquette très précise permet d'en évoquer les splendeurs disparues.

Sous Louis XVI, le vestibule qui y donnait accès et les petites salles qui l'encadrent avaient été aménagés pour Madame Adélaïde en bibliothèque et cabinet du tour, qui n'ont pas été rétablis.

Le vestibule[27] est orné aujourd'hui de bustes antiques, la première salle[26] des bustes de *Montesquieu* par Félix Lecomte, de *Fontenelle* par Jean-Baptiste Le Moyne, de *Voltaire* et de *Diderot* par Jean-Antoine Houdon; et la seconde[28] des bustes du *maréchal de Saxe* par Louis-Philippe Mouchy et de *Dupleix* par Charles-Antoine Bridan.

L'extraordinaire pendule de *la Création du monde* a été commandée par Joseph-François Dupleix, directeur général des Comptoirs français de l'Inde, qui voulait l'offrir à un prince indien : conçue par Passemant, elle a été réalisée en 1754 par l'horloger Joseph-Léonard Roque et le bronzier François-Thomas Germain.

130

131

La salle suivante[29] occupe l'emplacement de l'ancien réchauffoir du capitaine des Gardes.

On y admire le magnifique portrait du *Marquis de Souches, Grand Prévôt de France*, et de sa famille, qui est sans doute le chef-d'œuvre de François-Hubert Drouais (fig. 131). Deux tableaux représentent *les fêtes du mariage du futur empereur Joseph II;* dans l'un, trois de ses sœurs sont représentées chantant un opéra de Métastase; dans l'autre, on reconnaît l'archiduchesse Marie-Antoinette, alors âgée de dix ans, dansant un ballet avec son frère Maximilien.

Les extraordinaires sièges «à l'antique», en acajou sculpté, font partie d'un mobilier exécuté par Georges Jacob vers 1785 pour la laiterie de la reine Marie-Antoinette à Rambouillet.

La petite salle des Gardes du roi[30]
(9 m × 6 m × 2,85 m)

La principale salle des Gardes du roi se trouve au premier étage à l'entrée de son appartement. Celle-ci défendait l'accès de ses appartements privés: c'est à la sortie de cette salle sur la cour que Louis XV fut blessé par Damiens, le 5 janvier 1757.

131
François-Hubert
Drouais
*le Marquis de
Sourches et sa
famille,* 1750

132
François-Hubert
Drouais
Louis XV, 1773

133
Pierre Subleyras
le Pape Benoît XIV,
1741

Sur la cheminée, buste de *Louis Thiron de Crosne*, lieutenant-général de Police (1736-1794) par Augustin Pajou en 1788.

Pendant la journée, les gardes du corps rangeaient leurs paillasses dans les deux cabinets qui encadrent les cinq marches. En haut de ces marches, à droite, débouche le Degré du Roi[31], qui conduit aux cabinets intérieurs du Roi au premier étage et à son Petit Appartement du deuxième étage.

rez-de-chaussée

L'appartement du capitaine des Gardes

L'importante charge de capitaine des Gardes du corps comprenait quatre titulaires, généralement des ducs et pairs, qui servaient « par quartier », c'est-à-dire par trimestre à tour de rôle. Pendant la durée de son quartier, le capitaine des Gardes en exercice occupait ce logement proche de la petite salle des Gardes.

Le grand cabinet[32]
(6 m × 6 m × 4 m)

On a regroupé ici quelques très beaux portraits évoquant la politique intérieure et étrangère de Louis XV : le *Roi à la fin de sa vie*, par Drouais (fig. 132), *le Pape Benoît XIV*, par Pierre Subleyras (fig. 133), *le Dauphin en uniforme de colonel du régiment Dauphin-Dragons* par Alexandre Roslin (fig. 134), *le Prince des Asturies*, futur roi Charles IV d'Espagne, par Raphaël Mengs, *l'Abbé Terray* et *le Marquis de Marigny*, par Roslin.

132

133

134

135

L'antichambre[33]
(6,40 m × 6,20 m × 4 m)

Cette salle est consacrée à l'avènement de *Louis XVI*, dont le portrait en costume royal, par Joseph-Siffrède Duplessis, est entouré par ceux de ses frères, les *Comtes de Provence* et *d'Artois*, par Drouais, et de son cousin le *Duc d'Orléans*, par Callet. Les trois princes portent le costume de chevalier du Saint-Esprit; on les retrouve dans le grand tableau où Gabriel-François Doyen a représenté *le Roi recevant, au lendemain de son sacre, l'hommage des chevaliers du Saint-Esprit, le 12 juin 1775.*

134
Alexandre Roslin
le Dauphin en uniforme de colonel du régiment Dauphin-Dragons, 1765

135
Pompeo Batoni
le Bailli de Suffren, 1785

136
Joseph-Siffrède Duplessis
Louis XVI, 1776

137
Hubert Robert
les Jardins de Versailles, 1775

136

Le cabinet intérieur[34]
(8 m × 2,40 m × 4 m)

Cette petite pièce s'éclaire sur la cour des Cerfs, dont les étages supérieurs sont occupés par le Petit Appartement du Roi. Les œuvres exposées ici rappellent le rôle décisi joué par la France dans la victoire des «insurgents» d'Amérique et la naissance des Etats-Unis : portraits de *Louis XVI* par Callet, du *Bailli de Suffren* par Pompeo Batoni (fig. 135), du *Maréchal de Ségur* par Elisabeth Vigée-Lebrun ; buste de *La Fayette* par Houdon ; gouaches de Van Blarenberghe représentant *la Prise de Yorktown le 19 octobre 1781*.

La chambre[35]
(7,60 m × 6 m × 4 m)

Cette salle est consacrée aux premières années du règne de Louis XVI. On y voit les portraits du *Roi* par Duplessis (fig. 136), de la *Reine* et de ses belles-sœurs, les *Comtesses de Provence et d'Artois*, par Gautier-Dagoty, de *Madame Clotilde*, sœur du Roi, par Drouais. Deux tableaux célèbres d'Hubert Robert montrent *les Jardins de Versailles en 1775* (fig. 137), au moment de la replantation des arbres ordonnée par Louis XVI. Une peinture de Francesco Casanova, le frère du fameux aventurier, représente *l'Audience accordée au comte de Saint-Priest par le Grand Vizir du Sultan, le 13 mars 1779*. Une gouache de Gautier-Dagoty y montre *Marie-Antoinette dans la chambre*

137

de son *Grand Appartement*; une toile de Châtelet évoque *l'Illumination du Belvédère* du Petit Trianon à l'occasion d'une fête donnée par la Reine.

Les quatre pièces suivantes correspondent à un Petit Appartement que Marie-Antoinette fit aménager en 1784 à l'emplacement d'une partie de l'appartement de Madame Sophie (voir p. 104).

La première salle[36] a remplacé quelques pièces de service. On y remarque le célèbre portrait de *Marie-Antoinette tenant une rose*, peint en 1784 par Elisabeth Vigée-Lebrun (fig. 138), à qui l'on doit également ceux de la *Duchesse d'Orléans* et de la *Comtesse de Ségur*. Le portrait de *Madame Elisabeth*, sœur du Roi, est l'œuvre d'Adélaïde Labille-Guiard (fig. 139), la rivale de Mme Vigée-Lebrun.

Sur la commode, est présentée une reproduction fidèle du collier de la fameuse « affaire du collier de la Reine ».

Le visiteur passe ensuite dans la partie supérieure de la galerie basse. Dans les niches se faisant face, sont placés deux exemplaires de la célèbre statue du *Faune dansant*, l'un est antique, l'autre une copie du XVIIe siècle.

138

139

140

rez-de-chaussée

138
Elisabeth Vigée-
Lebrun
*la Reine Marie-
Antoinette*, 1784

139
Adélaïde Labille-
Guiard
Madame Elisabeth,
1788

140
Le vestibule
de marbre

Le vestibule de marbre[37]
(10 m × 8 m × 4,25 m)

Situé dans l'axe du château, sous la chambre du Roi, et ouvrant sur la galerie basse, ce vestibule fut aménagé en 1679 pour assurer la communication entre la cour de Marbre et les jardins. Il est orné de seize colonnes et seize pilastres de marbre de Rance sur fond de marbre blanc veiné (fig. 140).

En 1769, Madame Sophie, dont l'appartement occupait l'emplacement de la galerie basse, fit aménager une partie du vestibule en bibliothèque. En 1784, cette bibliothèque devint l'élément central du Petit Appartement de la Reine : elle ouvrait à gauche sur la chambre[38] et à droite sur la salle de bains[39]. Ces deux pièces se visitent, sous la conduite d'un conférencier, en même temps que les cabinets intérieurs de la Reine.

Revenu dans la partie supérieure de la galerie basse, le visiteur tourne à gauche, descend cinq marches et, laissant à gauche un petit escalier qui conduit au «passage du Roi» en entresol, pénètre à droite dans la première antichambre du Dauphin.

Les Galeries historiques

En créant à Versailles en 1837 un musée consacré «à toutes les gloires de France», Louis-Philippe a souhaité, grâce à cette exaltation de leur histoire nationale, réconcilier les Français profondément divisés en quatre factions : les légitimistes, restés fidèles à Charles X ; les orléanistes, partisans de la monarchie de Juillet ; les républicains, attachés aux idéaux de la Révolution, et les bonapartistes, nostalgiques de l'épopée napoléonienne.

Ces objectifs et les conditions dans lesquelles ce nouveau musée a été créé sont rappelés dans la préface de son premier catalogue. «Consacrer l'ancienne demeure de Louis XIV à toutes les gloires de la France, rassembler dans son enceinte tous les grands souvenirs de notre histoire tel fut le projet immédiatement conçu par Sa Majesté... Le Roi donna l'ordre de rechercher dans les dépôts de la couronne et dans les résidences royales toutes les peintures, statues, bustes ou bas-reliefs représentant des faits ou des personnages célèbres de nos annales en même temps que tous les objets d'art qui offriraient un caractère historique... On mit enfin le même soin à recueillir tout ce qui avait été produit par la peinture et la sculpture modernes. Cependant ces diverses réunions étaient bien loin de suffire à l'accomplissement du projet conçu par Sa Majesté, ni tous les grands hommes ni tous les grands événements de notre histoire n'avaient leur place dans cette collection empruntée à diverses époques. Le Roi a comblé cette lacune en commandant à nos artistes les plus distingués un nombre considérable de tableaux, de statues et de bustes destinés à compléter le magnifique ensemble de toutes les illustrations de la France.»

Ces commandes étaient sans doute le point faible du projet royal, au moins du point de vue de la valeur documentaire et de l'exactitude historique des œuvres ainsi réalisées. C'est pourquoi depuis une centaine d'années on s'est attaché à épurer ces collections en éliminant les copies et les œuvres à caractère rétrospectif : désormais, seuls sont exposés des documents originaux, c'est-à-dire contemporains du personnage ou de l'événement représenté. Seuls font exception à cette règle les tableaux des salles des Croisades et de la galerie des Batailles qui sont des exemples significatifs de la peinture d'histoire telle que la concevait le XIXe siècle.

Ces six salles ainsi qu'une vingtaine d'autres, consacrées essentiellement au Premier Empire et à la monarchie de Juillet, ont gardé le décor que Louis-Philippe avait voulu leur donner : elles constituent donc des témoignages particulièrement intéressants de l'évolution du goût et d'un moment de l'histoire de la muséologie. Les collections du XVIIIe siècle sont présentées dans des appartements princiers dont le décor a été restitué. Partout ailleurs, on s'est efforcé de présenter les tableaux et les sculptures dans un cadre « palatial » au moyen de tentures murales, de meubles et d'objets d'art, et d'éviter ainsi tout hiatus entre les « Galeries historiques » et ce qui subsiste de l'ancienne résidence royale : de cette façon, la visite des salles où sont exposés les portraits des principaux personnages de notre histoire est la meilleur préparation, ou le meilleur complément à celle des appartements royaux et princiers.

rez-de-chaussée

Les salles des Croisades

Visite sous la conduite d'un conférencier (sur demande)

Ces cinq salles ont été créées par Louis-Philippe à l'emplacement de plusieurs appartements de courtisans. On y accède par la galerie du rez-de-chaussée de l'aile du Nord, qui est ornée de moulages de certains gisants des tombeaux royaux de la basilique de Saint-Denis.

Les tableaux des salles des Croisades ont tous été commandés par Louis-Philippe aux peintres d'histoire les plus célèbres de son temps pour évoquer les principaux épisodes des huit croisades. Ils sont présentés dans un décor néogothique, assez inattendu à Versailles et caractéristique du goût « troubadour » de l'époque romantique. Dans les ébrasements des fenêtres et dans les caissons des plafonds, sont peints les blasons des croisés les plus illustres.

Dans la première salle on remarque deux tableaux d'Emile Signol représentant *le Passage du Bosphore, en 1097* et *la Prise de Jérusalem, le 15 juillet 1099*.

Dans la deuxième salle, il faut signaler deux œuvres de Marius Granet : *Godefroy de Bouillon suspend aux voûtes du Saint Sépulcre les trophées d'Ascalon, en août 1099* et *le Chapitre de l'ordre du Temple tenu à Paris le 22 avril 1147*.

La troisième salle (fig. 141) conserve la porte originale en cèdre sculpté et le mortier en bronze de l'hospice des chevaliers de Saint-Jean de Jérusalem à Rhodes ; ces deux souvenirs insignes, datant du XVIe siècle, ont été offerts en 1836 au roi Louis-Philippe par le sultan Mahmoud II. On y voit également la statue de *Philippe de Villiers de l'Isle-Adam, Grand-Maître de l'ordre de Malte,* qui provient de l'église du Temple à Paris. C'est pour cette salle qu'Eugène Delacroix avait peint en 1840 sa fameuse *Entrée des croisés à Constantinople, le 12 avril*

141

1204, aujourd'hui au musée du Louvre et remplacée ici par une copie. Parmi les autres tableaux, on remarque : *la Ville de Ptolémaïs remise à Philippe-Auguste et à Richard Cœur-de-Lion, le 13 juillet 1191* par Merry Blondel ; *la Bataille de Las Navas de Tolosa, le 12 juillet 1212,* par Horace Vernet ; et *la Levée du siège de Malte, en septembre 1565,* par Philippe Larivière.

Dans la quatrième salle, on note deux tableaux de Rouget : *Saint Louis reçoit à Ptolémaïs les envoyés du vieux de la Montagne, en 1251* et *la Mort de saint Louis devant Tunis, le 25 août 1270.* Et, dans la cinquième salle, on remarque un tableau de Louis Gallait : *Baudouin, comte de Flandre, couronné empereur d'Orient à Sainte-Sophie de Constantinople, le 16 mai 1204.*

En sortant des salles des Croisades, le visiteur se trouve en face de la statue de *Jeanne d'Arc,* œuvre célèbre de la princesse Marie d'Orléans, seconde fille du roi Louis-Philippe.

rez-de-chaussée
et premier étage

Les salles du XVIIᵉ siècle

Visite non commentée

Ces salles occupent, entre la chapelle et l'Opéra, le rez-de-chaussée et le premier étage de l'aile du Nord, que l'on appelait autrefois l'aile Neuve. Elles s'éclairent sur le parterre du Nord et correspondent à des appartements qui étaient habités par des membres de la famille royale et des princes du sang. Ces appartements étaient desservis par deux galeries s'éclairant sur des cours intérieures et par un escalier au centre de l'aile; primitivement au nombre de quatre par étage, ils furent réduits à trois lors de la construction de l'Opéra.

Ils furent détruits lors de la création des Galeries historiques; il ne subsiste donc pratiquement rien de leur distribution intérieure et de leur décor, à l'exception de deux corniches sculptées dans la sixième et la septième salle. De même, l'escalier central disparut et fut remplacé par une salle permettant d'établir une communication entre les deux groupes d'appartements; un nouvel escalier fut construit en 1851 par l'architecte Questel à l'extrémité de l'enfilade.

Les collections sont présentées dans l'ordre chronologique et chaque salle est consacrée à un thème différent.

Les huit premières salles correspondent à deux appartements dans lesquels on pénétrait par deux antichambres situées aux deux extrémités et qui communiquaient entre eux par deux cabinets intérieurs. Dans le courant du XVIIIᵉ siècle,

141
*La grande salle des
Croisades*

142
Hermann van der
Mast
*Bal donné au Louvre
à l'occasion du
mariage du Duc
de Joyeuse, 1581*

142

ces deux cabinets furent réunis pour former une antichambre commune aux deux appartements dont la distribution fut alors inversée. La première pièce fut d'abord une antichambre et devint un cabinet intérieur lorsque la distribution de l'appartement fut inversée. On y voit quelques vues gravées du château.

Les guerres de religion et l'avènement des Bourbon
D'abord grand cabinet, au temps du duc du Maine, cette salle devint plus tard la chambre à coucher de l'appartement.

Le règne d'Henri III est évoqué principalement par trois tableaux : *la Réception d'Henri III par le doge Mocenigo au Lido de Venise, le 18 juillet 1574*, esquisse d'Andrea Micheli, dit « le Vicentino », pour son tableau du palais des Doges (fig. 143) ; *Bal donné au Louvre à l'occasion du mariage du duc de Joyeuse en 1581* attribué à Hermann Van der Mast (fig. 142) ; *la Procession de l'armée de la Ligue, le 4 février 1593*.

Le beau portrait d'*Henri IV* en armure (fig. 144) est encadré de portraits de membres de la famille royale dont *la Reine Marie de Médicis*, ainsi que deux petits tableaux représentant deux batailles livrées par le Roi.

Louis XIII apparaît, accompagné des figures allégoriques de la France et de la Navarre, dans un magnifique tableau de Simon Vouet (fig. 145). Deux esquisses de Saint-Igny montrent *le Roi et la reine Anne d'Autriche à cheval*.

143

144

143
Le Vincentino
*l'Arrivée d'Henri III
au Lido de Venise, le
18 juillet 1574*

144
Anonyme
Henri IV, 1610

145
Simon Vouet
*Louis XIII entre les
figures de la France
et de la Navarre*

145

Le règne de Louis XIII

Cette salle fut d'abord la chambre à coucher, et plus tard le grand cabinet.

Portraits de *Louis XIII* à cheval et de *la Duchesse de Chevreuse représentée en Diane,* tous deux par Claude Deruet; du *Cardinal de Richelieu* par Philippe de Champaigne; du *Dauphin futur Louis XIV, dans les bras de sa nourrice, la Dame Longuet de la Giraudière,* sa première nourrice, de *Louis XIV à son avènement, accompagné de son frère le duc d'Anjou et de leur gouvernante, madame de Lansac.* Buste du jeune Roi, attribué à Jacques Sarrazin, et son portrait par un peintre anonyme (fig. 146).

Le jansénisme, Port-Royal et le Val-de-Grâce

A cet emplacement, se trouvaient primitivement les cabinets intérieurs des deux appartements, le mur qui les séparait fut abattu plus tard pour former la salle actuelle qui devint une antichambre commune aux deux logements.

Les principales figures du jansénisme sont représentées ici par une série de portraits dont les plus remarquables : *la Mère Angélique, la Mère Agnès* (fig. 147), *l'Abbé de Saint-Cyran* et l'architecte *Jacques Lemercier* (fig. 148) sont l'œuvre de Philippe de Champaigne. Portraits de *Jacques Tubeuf,* surintendant des Finances de la reine Anne d'Autriche, par Pierre Mignard, et de *Pierre Séguier,* Chancelier de France. Un petit tableau provenant de l'appartement de la Reine mère à l'abbaye du Val-de-Grâce, représente *Anne d'Autriche et ses deux fils présentés à la Trinité par saint Benoît et sainte Scholastique.*

La régence d'Anne d'Autriche et le traité de Westphalie

Cette pièce, qui a conservé une corniche sculptée datant du XVIIe siècle, fut d'abord une chambre avant de devenir le grand cabinet.

Autour du portrait équestre du jeune *Louis XIV* à dix ans, qui rappelle son entrée solennelle à Paris sont présentés ceux de la *Régente Anne d'Autriche* et du *Cardinal Mazarin.* On remarque également le portrait du *Grand Condé,* par Juste d'Egmont, et plusieurs peintures allégoriques parmi lesquelles une *Allégorie à la régence d'Anne d'Autriche,* exécutée par Laurent La Hyre en 1648, l'année même de la signature du traité de Westphalie qui mettait fin à la guerre de Trente ans.

L'Académie royale de peinture et de sculpture (1648)

Cette salle fut d'abord un grand cabinet puis une chambre; elle a conservé une belle corniche sculptée du XVIIIe siècle.

L'Académie royale fut fondée en cette même année 1648 et l'on peut voir ici les portraits de quelques-uns de ses fondateurs : *Henri Testelin, Jean Nocret, Henri et Charles Beau-*

146

147

148

146
Anonyme
*Louis XIV au moment
de son avènement,*
1643

147
Philippe de
Champaigne
*la Mère Agnès
Arnauld* 1662

148
Philippe de
Champaigne
Jacques Lemercier,
1644

brun, Samuel Bernard, Jacques Sarrazin, Philippe de Buyster et Michel Anguier. Ils encadrent le portrait du jeune Roi qui ornait la salle de séance de l'Académie au palais du Louvre.

La paix des Pyrénées (1659)
Cette salle fut d'abord une antichambre, puis un cabinet intérieur.

Le traité de Westphalie n'avait pas mis fin aux hostilités avec l'Espagne; celles-ci se poursuivirent pendant plusieurs années qui furent marquées par l'alliance de la France avec Olivier Cromwell, la maladie du Roi à Calais, et les victoires françaises de Valenciennes et de Montmédy. Un curieux tableau plan rappelle le Siège de Valenciennes, et une peinture allégorique, attribuée à Deruet et représentant le Jugement de Pâris est une allusion à la conclusion de la paix et au prochain mariage de Louis XIV avec sa cousine germaine l'infante Marie-Thérèse, fille aînée du roi d'Espagne Philippe IV.

Le mécénat de Louis XIV
Cette salle occupe l'emplacement de l'escalier central, démoli sur l'ordre de Louis-Philippe pour faciliter la visite du musée.

Autour du tableau de Jean Garnier représentant le Portrait de Louis XIV encadré des attributs des arts, des sciences et de la musique (fig. 149), sont groupés les portraits des artistes et des écrivains les plus célèbres de ce temps, en particulier ceux de Louis Lerambert par Alexis-Simon Belle, de Louis Le Vau, d'André Le Nôtre par Carlo Maratta (fig. 150), de Jules Har-

149

douin-Mansart par François de Troy, et de *Charles Couperin* par Claude Le Febvre.

La création de Versailles

Cette salle renferme une série très importante de peintures (fig. 151) qui permettent de suivre les transformations et les embellissements de Versailles de 1668 (tableau de Pierre Patel) à 1722 (tableau de Pierre-Denis Martin). Ce dernier tableau et ceux qui représentent les châteaux de Trianon, Marly, Fontainebleau et Meudon décoraient la salle à manger de la princesse de Conti au château de Choisy. Quatre petites peintures

149
Jean Garnier
Allégorie du mécénat de Louis XIV, 1672

150
Carlo Maratta
André Le Nôtre, 1678

151
Charles Le Brun
la Seconde conquête de la Franche-Comté (1674), 1681

150

151

de Van der Meulen montrent le jeune Roi et sa suite devant les châteaux de Versailles, Fontainebleau, Saint-Germain et Vincennes.

Cette salle et les deux suivantes occupent l'emplacement d'un appartement qui fut toujours occupé par des princes de la maison de Conti.

Le carrousel de 1662

Ce carrousel fameux qui laissa son nom à une place de Paris fut donné par Louis XIV, les 5 et 6 juin 1662, devant la façade du château des Tuileries pour célébrer la naissance du Dauphin survenue le 1er novembre 1661. Le tableau qui le représente ici (fig. 152) donne une idée précise du faste éblouissant de la cour de France dans les premières années du règne personnel de Louis XIV.

Sur la tenture, qui évoque la célèbre « chambre bleue » de l'hôtel de Rambouillet sont présentés les portraits par les frères Beaubrun des plus célèbres beautés de l'époque. Ils encadrent deux grands tableaux représentant l'un *Marie-Louise d'Orléans, duchesse de Montpensier* dite « la Grande Mademoiselle » *tenant le portrait de son père Gaston de France, duc d'Orléans,* par Pierre Bourguignon, et l'autre *Henriette d'Angleterre tenant le portrait de son époux Philippe de France, duc d'Orléans* par Antoine Matthieu.

152

153

154

La famille royale vers 1665

Les portraits de *Louis XIV à l'âge de vingt-sept ans*, par Charles Le Brun, de *la Reine Marie-Thérèse* par Beaubrun, de *la Reine mère Anne d'Autriche*, par Nocret, du *Prince de Condé et de son fils le duc de Bourbon*, par Claude Le Febvre (fig. 153) encadrent un chef-d'œuvre qui est l'esquisse, par Le Brun, du portrait du *Maréchal de Turenne* (fig. 154).

Parmi tous ces personnages célèbres on remarque l'élégant portrait d'un inconnu qui passa longtemps pour être le surintendant Nicolas Fouquet.

La fondation de l'Académie des Sciences (1666)

A l'origine, cette salle faisait partie d'un appartement qui disparut en 1768, lors de la construction de l'Opéra.

Le grand tableau de Testelin est le carton d'une tapisserie qui ne fut jamais tissée et qui devait faire partie de la tenture de l'«Histoire du Roi»: on y voit *Colbert présentant à Louis XIV les premiers membres de l'Académie des Sciences*; on aperçoit, au fond, l'Observatoire en cours de construction et à droite, la carte du canal des Deux-Mers.

Le beau portrait de *Jean-Baptiste Colbert*, par Claude Le Febvre (fig. 155), rappelle le rôle joué par le ministre dans la protection accordée aux sciences et aux arts; son action décisive en faveur de la réorganisation et du développement de la

152
Henri de Gissey
le Carrousel de 1662

153
Claude Le Febvre
le Prince de Condé et son fils le duc de Bourbon, 1665

154
Charles Le Brun
le Maréchal de Turenne, 1663

155

marine royale est évoquée par un tableau représentant la *Visite de son fils, le marquis de Seignelay, à l'arsenal de Marseille,* en novembre 1677.

On remarque également le portrait, par Philippe Lalle-mand, de *Charles Perrault,* l'auteur des célèbres contes et l'un des membres fondateurs de l'Académie des Inscriptions et Belles-Lettres, et celui du *Cardinal de Bouillon grand-aumônier de France* par Jean Baptiste Gaulli, dit «le Baciccio».

L'escalier Questel a remplacé en 1851 la salle des Gardes qui précédait le foyer de l'Opéra et qui était située au niveau du premier palier. De cette salle partait un escalier qui condui-sait à la galerie du premier étage par laquelle arrivait le Roi.

La porte du foyer est encadrée par deux médaillons en marbre représentant *Louis XIV et la reine Marie-Thérèse.* Sur le palier du premier étage, un portrait du *Roi protecteur de l'Académie royale;* il a été peint par Henri Testelin en 1668 pour remplacer dans la salle de séances de l'Académie au Louvre celui qui y avait été placé vingt ans plus tôt.

La guerre de Dévolution et la guerre de Hollande

Cette salle occupe l'emplacement de l'escalier qui reliait la galerie du premier étage située derrière le mur du fond à la salle des Gardes de l'Opéra.

La guerre de Dévolution (1667-1668) fut déclenchée par Louis XIV pour soutenir les droits de la reine Marie-Thérèse,

156

née infante d'Espagne sur les Pays-Bas espagnols. La guerre de Hollande (1672-1678) fut entreprise pour combattre la menace que constituait la puissance économique de la Hollande.

Ici sont présentées quelques-unes des esquisses d'Adam Franz Van der Meulen pour la série des grands tableaux qui étaient destinés à décorer les châteaux royaux et dont certains sont exposés dans cette salle et dans la suivante. Ces esquisses furent également utilisées par Charles Le Brun pour les tapisseries de la tenture de l'«Histoire du Roi».

La guerre de Dévolution et la guerre de Hollande
(suite)

Cette grande salle était autrefois divisée et avec la salle suivante, elle formait un appartement de trois pièces principales.

Les quatre tableaux de Van der Meulen proviennent du château de Marly (fig. 156). *Le Portrait équestre de Louis XIV* a été peint par René-Antoine Houasse en 1672.

On remarque le buste du *Dauphin* à l'âge de dix-huit ans, par Coysevox, et celui du *Roi* par Jean Warin qui fut placé dans l'escalier des Ambassadeurs en 1678 l'année même où la paix de Nimègue consacrait les victoires de Louis XIV et la suprématie de la France en Europe.

Les bronzes placés dans les angles sont des réductions de

157
Nicolas Coustou
Jean-Baptiste Colbert,
1708

158
Hyacinthe Rigaud
Martin Desjardins,
1683

159
Ferdinand Elle
*Madame de
Maintenon avec
sa nièce* vers 1695

157

deux groupes en marbre commandés pour les jardins : *Pluton enlevant Proserpine* par Girardon et *Borée enlevant Orythie* par Anselme Flamen.

Les maisons royales

Le tableau du fond, œuvre d'Etienne Allegrain, représente *le Château de Saint-Cloud* qui appartenait à Monsieur frère du roi, et qui fut détruit à la fin du XIXe siècle. Les autres tableaux proviennent de l'hôtel du duc de Bourbon à Versailles et représentent quatre des plus célèbres résidences royales : *Vincennes, Trianon, Marly* et *le Château-neuf de Saint-Germain-en-Laye* où Louis XIV naquit le 4 septembre 1638.

Beaux bustes de *Colbert* par Nicolas Coustou (fig. 157) et de *Guillaume de Lamoignon,* Premier président au Parlement de Paris, par François Girardon. La statue d'hamadryade, placée au centre de la salle, est une réplique en terre cuite de la statue de marbre exécutée par Coysevox pour un des bosquets de Marly.

L'Académie royale de peinture et de sculpture

Cette salle occupe l'emplacement de l'escalier central de l'aile.

On y voit une importante série de portraits d'artistes qui pour la plupart, ont travaillé à la décoration des châteaux royaux. Ce sont souvent les «morceaux de réception» que les nouveaux académiciens étaient tenus d'offrir à l'Académie au moment de leur élection ; une partie de la collection se trouve au musée du Louvre.

159

158

A côté des autoportraits de *Rigaud*, de *Largillière* et d'*Antoine Coypel*, on remarque les portraits suivants : le sculpteur *Martin Desjardins* (fig. 158), les fondeurs *Jean-Jacques* et *Jean-Baptiste Keller*, par Rigaud ; le peintre *François de Troy* par Belle ; les sculpteurs *Jean Thierry* et *Nicolas Coustou* par Largillière, *François Girardon* par Gabriel Revel et *Guillaume Coustou* par Jacques François De Lyen.

La marquise de Maintenon

Les pièces suivantes occupent l'emplacement d'un appartement double ; la première salle, qui ouvrait autrefois sur la galerie située derrière le mur du fond, était l'antichambre du premier appartement.

Le portrait de *Madame de Maintenon avec sa nièce* par Ferdinand Elle (fig. 159) et celui de *Louis XIV tenant les plans de Saint-Cyr* proviennent tous deux de la célèbre maison que la marquise avait fondée pour l'éducation des jeunes filles de la noblesse pauvre.

Portraits du *Dauphin* et du *Marquis de Villacerf*, par Pierre Mignard, du *Comte de Pontchartrain* par Robert Le Vrac de Tournières, et de *Mignard* par Hyacinthe Rigaud.

Les jeunes princes

Cette salle était le grand cabinet de l'appartement. Les tableaux exposés ici sont, pour la plupart, des œuvres de Pierre Mignard, portraits du *Roi*, de *Madame de Maintenon*, de *Catherine Mignard*, fille du peintre, et de deux des enfants légitimés de Louis XIV : *le Comte de Toulouse endormi et Mademoiselle de Blois faisant des bulles de savon* (fig. 160). La salle est dominée par l'une des œuvres les plus célèbres de Mignard : le grand tableau où sont représentés *le Dauphin, son épouse Marie-Anne-Christine de Bavière, et leurs trois fils, les ducs de Bourgogne, d'Anjou et de Berry* (fig. 162).

La seconde moitié du règne

Cette salle était la chambre à coucher du premier appartement.

La Révocation de l'Edit de Nantes (1685), *l'Acceptation du testament du roi d'Espagne Charles II (1700)* et le *Congrès de Baden (1714)* sont évoqués par des peintures dont certaines sont des allégories. D'autres tableaux font revivre quelques scènes de la vie de cour : audiences royales, comme celle du *Prince électoral de Saxe à Fontainebleau* et celle de *l'Envoyé*

160

161

du shah de Perse, ou cérémonie des ordres royaux, dont les insignes sont exposés dans une vitrine.

Mais on remarque surtout le portrait du *Marquis de Dangeau,* Grand-Maître des ordres de saint Lazare et du mont Carmel, par Hyacinthe Rigaud (fig. 161); le peintre s'est plu à rendre avec virtuosité les velours et les soies de l'éblouissant costume, mais il a su également exprimer la fatuité et l'insignifiance du personnage.

Les princesses

Cette salle était autrefois cloisonnée dans les deux sens pour former deux cabinets intérieurs donnant sur les jardins et plusieurs arrière-cabinets s'éclairant sur la galerie située derrière le mur du fond.

Ici sont réunis les portraits des princesses dont la beauté, la grâce et l'esprit égayèrent les dernières années de Louis XIV : les deux dernières filles du Roi, *la Duchesse de Bourbon* et *la Duchesse de Chartres,* cette dernière représentée au moment de son mariage par François de Troy; et l'épouse de l'aîné de ses petits-fils, la charmante *Duchesse de Bourgogne,* dont un grand tableau évoque la cérémonie du mariage, le 7 décembre 1697, en présence de toute la famille royale.

162

160
Pierre Mignard
Mademoiselle de Blois, 1674

161
Hyacinthe Rigaud
le Marquis de Dangeau, 1702

162
Pierre Mignard
le Grand Dauphin et sa famille, 1687

Les guerres de la fin du règne

Cette salle était la chambre à coucher du second appartement.

On y voit le portrait équestre de *Louis XIV* par Mignard. Ici sont exposés également quelques portrait par Rigaud, dont celui du Roi, et deux chefs-d'œuvre de Largillière : les portraits du *Duc de Berry*, troisième petit-fils du Roi (fig. 163) et du *Comte du Puy Vauban*, neveu du maréchal.

Entre les fenêtres est placé le célèbre portrait de *Louis XIV à l'âge de soixante-huit ans*, exécuté en cire par Antoine Benoist avec un réalisme saisissant.

La cour de Versailles

Cette salle occupe l'emplacement du grand cabinet et de l'antichambre du second appartement.

A côté du portrait de la *Princesse de Conti*, fille aînée de Louis XIV, qui était célèbre pour sa beauté, on remarque surtout celui de la belle-sœur du Roi, *Elisabeth-Charlotte de Bavière, duchesse d'Orléans*, par Rigaud, et en face celui de sa petite-fille *Marie-Adélaïde de Savoie, duchesse de Bourgogne* (fig. 164), dont Jean-Baptiste Santerre a su faire revivre le charme et l'élégance.

163

164

163
Nicolas de Largillière
Charles de France,
duc de Berry 1710

164
Jean-Baptiste
Santerre
Marie-Adélaïde
de Savoie, duchesse
de Bourgogne, 1709

165
Claude-Guy Hallé
l'Audience accordée
au Doge de Gênes,
le 15 mai 1685, 1710

165

Antoine Coysevox est l'auteur du buste du *Maréchal de Villars* et Nicolas Coustou celui du buste du *Marquis d'Argenson.*

Le beau clavecin dont la caisse est décorée d'arabesques à la manière d'Audran, est l'œuvre du facteur anversois Ruckers.

Claude-Guy Hallé a représenté *l'Audience accordée par Louis XIV au doge de Gênes dans la galerie des Glaces, le 15 mai 1685* (fig. 165). Ce grand tableau, carton pour une tapisserie de la tenture de l'«Histoire du Roi», permet de se faire une idée exacte du fameux mobilier d'argent qui ornait les salles de Versailles au temps de sa plus grande splendeur et d'évoquer la somptuosité aujourd'hui disparue des Grands Appartements.

Les salles du XVIIIᵉ siècle

Les collections du XVIIIᵉ siècle, qui illustrent les règnes de Louis XV et Louis XVI, de 1715 à 1789, sont présentées au rez-de-chaussée du corps central du château dans les appartements du Dauphin, de la Dauphine et de Mesdames de France, ainsi que dans le logement du capitaine des Gardes.

La Salle des Etats Généraux

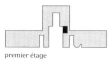

premier étage

La salle des Etats Généraux (fig. 166) est située au-dessus du vestibule d'entrée du musée; on ne peut y accéder que par le Grand Degré et, de ce fait, elle ne s'inscrit pas dans le circuit de visite des Galeries historiques. A la fin de l'Ancien Régime,

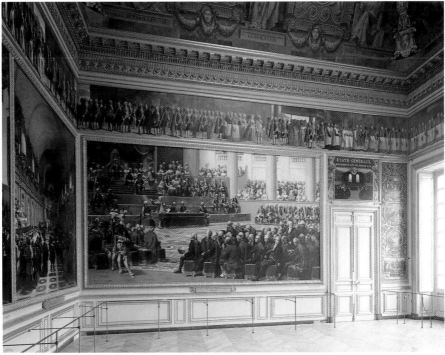

166

cette salle servait de foyer à la salle de comédie, aménagée par Hubert Robert, en 1786, dans la cage du Grand Degré, alors inachevé. Louis-Philippe la consacra aux Etats Généraux depuis leur première convocation, le 10 avril 1302, par Philippe le Bel jusqu'à leur dernière réunion sur l'ordre de Louis XVI, le 5 mai 1789. A la base de la voûte, se développe une frise dans laquelle Louis Boulanger a représenté la procession des députés dans les rues de Versailles, la veille de l'ouverture de cette assemblée d'où devait sortir la Révolution.

Les salles de la Révolution, du Consulat et de l'Empire

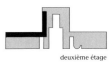

deuxième étage

Visite sous la conduite d'un conférencier (sur demande)

Les œuvres relatives à la Révolution sont relativement peu nombreuses. En revanche, le Directoire, le Consulat et l'Empire sont particulièrement bien représentés, Louis-Philippe ayant regroupé à Versailles la presque totalité des tableaux que Napoléon avait commandés pour exalter sa propre gloire ; le déroulement de l'épopée napoléonienne peut donc être suivi sans interruption ni lacune grave, de la première campagne d'Italie à la seconde abdication.

Les collections sont réparties en deux groupes de salles qui se visitent successivement : les œuvres de petit et de moyen formats sont exposées dans l'attique dit «de Chimay», au-dessus du Grand Appartement de la Reine, et dans l'attique du Midi, le long de la voûte de la galerie des Batailles ; les œuvres de grand format sont présentées dans la salle du Sacre (p. 64) et au rez-de-chaussée de l'aile du Midi, sous la galerie des Batailles.

Attiques Chimay et du Midi

On monte à l'attique Chimay par l'escalier de la Reine et l'escalier de stuc qui le prolonge. De la dixième à la vingt-sixième salle, les murs sont tendus de tissus de coton qui reproduisent les soieries commandées par Napoléon pour ses différentes résidences ; quelques meubles et objets d'art provenant des anciens palais impériaux accentuent le caractère «palatial» de cette présentation.

166
La salle des Etats Généraux

167
Jacques-Louis David
le Serment du Jeu de Paume, 1791

Le Serment du Jeu de Paume

La peinture qui occupe tout le mur du fond est la seule partie conservée du grand tableau qui devait commémorer *le Serment du Jeu de Paume, le 20 juin 1789* (fig. 167), et décorer la salle de l'Assemblée nationale ; bien qu'inachevée, elle n'en reste pas moins l'un des grands chefs-d'œuvre de Louis David.

Une charmante peinture d'Hubert Robert évoque *la Fête de la Fédération au Champs-de-Mars, le 14 juillet 1790*, tandis que le tableau de Jacques Berteaux représente *la Prise du*

167

château des Tuileries le 10 août 1792. Le portrait équestre de *Louis XVI*, par Jean-Baptiste Antoine Carteaux, montre le Roi en monarque constitutionnel, portant la cocarde tricolore.

Le Cabinet des dessins
Les portraits de *Louis XVI* par Jean-Martial Fredou, de *Pierre-Ambroise Choderlos de Laclos* et du compositeur *Etienne-Nicolas Méhul* par Joseph Ducreux, de *Mirabeau* et de *Robespierre* par Joseph Boze voisinent avec le dessin de Jean-Michel Moreau représentant *la Première Séance de l'Assemblée des notables, le 22 février 1787* et le dessin préparatoire de David pour le grand tableau du *Serment du Jeu de Paume.* De David également, le portrait de *Marat assassiné* et les projets de « costumes civiques » de l'époque du Directoire. Les batailles de *Lodi, Castiglione* et *Arcole* (10 mai, 5 août et 17 novembre 1796) sont représentées dans des dessins de Carle Vernet.

La Convention
La salle est dominée par le célèbre tableau de David représentant *Marat assassiné dans sa baignoire, le 13 juillet 1793;* c'est une réplique originale d'après le dessin qu'on vient de voir. Non loin de là, est exposé le portrait de sa meurtrière *Charlotte Corday.*
Le tragique destin de la famille royale est évoqué par un portrait de *Louis XVI dans sa prison du Temple,* peint sous la Restauration par Henri-Pierre Danloux, et surtout par deux pastels d'Alexandre Kucharsky : le second Dauphin, futur *Louis XVII,* et la *reine Marie-Antoinette* (fig. 168); ce dernier portrait, qui est peut-être la plus belle image de la souveraine, est resté inachevé par suite de l'invasion des Tuileries, le 10 août 1792.
Un tableau de Louis-François Lejeune représente *le Passage du Rhin à Dusseldorf par l'armée française, le 6 septembre 1796.*

La société sous la Révolution
Le beau portrait du compositeur *Giovanni Paisiello* a été peint en 1791 par Louise-Elisabeth Vigée-Lebrun, qui a également signé celui du roi de Pologne, *Stanislas-Auguste Poniatowski.* Portraits de *Dominique Clément de Ris* et de son épouse par Joseph-Benoît Suvée en 1795, et autoportraits de *Joseph Ducreux,* d'*Antoine-Jean Gros* et d'*Anne-Louis Girodet.*

Les aquarelles de Bagetti
L'ingénieur topographe Giuseppe Pietro Bagetti a suivi le général Bonaparte dans ses campagnes d'Italie et d'Egypte ; il en a rapporté cette précieuse série d'aquarelles dont l'exceptionnel intérêt documentaire se double d'un sentiment très poétique de la nature.

168

169

L'armée d'Orient

Ces portraits des *Généraux de l'armée d'Orient* ont été dessinés au fusain par André Dutertre avec une gaucherie qui ne manque pas de saveur.

La guerre navale

Les portraits de *William Pitt* d'après Lawrence et de l'*Amiral Nelson*, ainsi que le buste du *Vice-amiral Le Vassor de Latouche Tréville* par Jean-Martin Renaud rappellent la lutte implacable menée contre la France par l'Angleterre, maîtresse des mers. Le tableau de Jean-François Hue représente *le Combat de la corvette française* La Bayonnaise *contre la frégate anglaise* L'Embuscade, *le 14 décembre 1798*.

Au fond de la salle, est accroché le célèbre portrait du *Général Bonaparte au pont d'Arcole* (fig. 169) que Gros exposa au salon de 1801.

168
Alexandre Kucharsky
la Reine Marie-
Antoinette, 1792

169
Antoine-Jean Gros
le Général Bonaparte
à Arcole, 1796

La société sous le Directoire et l'émigration

Quelques esquisses de François Gérard et de Louis Gauffier permettent d'évoquer la société élégante et insouciante au temps du Directoire. Dans une vitrine, sont exposés un glaive de directeur et un magnifique fusil de chasse, offert à Barras par la ville de Paris et fabriqué dans la manufacture d'armes créée à Versailles par Boutet. Buste de *Jean-Marie Pichegru* général en chef et président du Conseil des anciens, par François Masson en 1797.

L'émigration est représentée par les portraits, peints par Danloux, du *Comte d'Artois*, frère de Louis XVI, et de ses fils, le *Duc d'Angoulême* et le *Duc de Berry*, et par deux pastels représentant le *Prince de Condé*, chef de l'armée des Princes, et son petit-fils, le *Duc d'Enghien*, fusillé le 21 mars 1804 dans les fossés de Vincennes. Un dessin d'Etienne Tafanelli représente *la Rencontre à Mittau, le 4 juin 1799, de Louis XVIII avec sa nièce Madame Royale*; et un tableau de Jean-Claude Tardieu montre *le Prétendant couronnant la rosière de Mittau.*

La première campagne d'Italie

Cette salle située au-dessus de la chambre de la Reine, occupe, ainsi que chacune des trois suivantes, l'emplacement d'un appartement de courtisan. Des fenêtres, on a une vue incomparable sur l'aile du Midi, le parterre du Midi, la pièce d'eau des Suisses et les coteaux de Satory.

Autour du buste de *Bonaparte* par Charles-Louis Corbet, sont réunis des tableaux représentant les principaux faits d'armes de cette expédition militaire qui allait assurer la réputation du jeune général : *la Bataille de Lodi, le 10 mai 1796* par Lejeune ; *la Bataille de Rivoli, le 14 janvier 1797,* par Louis-

170

171

Albert Bacler d'Albe (fig. 170); *la Reddition de Mantoue, le 2 février 1797,* par Hippolyte Lecomte; *la Prise d'Ancône, le 9 février 1797,* par Didier Boguet; *le Général Bonaparte recevant des prisonniers sur le champ de bataille* et *Un hôpital militaire* par Nicolas-Antoine Taunay.

L'expédition d'Egypte

Les tableaux de Lejeune évoquent trois des principales victoires de cette campagne : *les Batailles des Pyramides, le 21 juillet 1798, du Mont-Thabor le 16 avril 1799,* et *d'Aboukir le 25 juillet 1799.* François-Henri Mulard a peint *le Général Bonaparte donnant un sabre au chef militaire du Caire* et Taunay *le Général Junot au combat de Nazareth, en avril 1799.*

On remarque un beau portrait du *Général Desaix* par Andrea Appiani (fig. 171). Quant à *Charles Letourneur,* il a été représenté par Jean-Baptiste Desoria dans son costume officiel de membre du Directoire.

La seconde campagne d'Italie

L'épisode fameux du *Passage du Grand-Saint-Bernard* est évoqué par plusieurs tableaux, parmi lesquels celui de Taunay retient particulièrement l'attention par son caractère romantique.

L'une des œuvres les plus célèbres de David représente *le Premier Consul franchissant les Alpes, le 20 mai 1800* (fig. 172); le général avait demandé au peintre de le montrer « calme sur un cheval fougueux ». David exécuta cinq versions de cette œuvre : celle qui est présentée ici est son exemplaire personnel,

170
Louis-Albert Bacler d'Albe
la Bataille de Rivoli, le 14 janvier 1797

171
Andrea Appiani
le Général Desaix,
1800

172

qu'il garda dans son atelier jusqu'à sa mort et qui appartint ensuite à Napoléon III. Le tableau est reproduit sur l'un des vases en porcelaine de Sèvres placés dans les angles de la salle.

L'Entrée de l'armée française à Naples, le 21 janvier 1799 a été peinte par Jean-Jacques Taurel, *la Bataille de Marengo, le 18 juin 1800* par Lejeune et *l'Entrée de l'armée française à Gênes, le 24 juin 1800,* par Jean-François Hue.

La préparation de l'invasion de l'Angleterre est évoquée par *la Visite de Napoléon au camp de Boulogne en juillet 1804* de Hue et par *la Distribution des croix de la Légion d'honneur à Boulogne, le 16 août 1804,* de Philippe-Auguste Hennequin. Un troisième tableau, représentant *Un combat naval devant Boulogne,* par Louis-Philippe Crépin, est exposé dans la salle suivante.

173

Le Consulat

Cette période est évoquée par deux grands tableaux : *les Comices de Lyon, le 26 janvier 1802*, par Nicolas-André Monsiau (fig. 173) qui témoigne ici d'un sens très raffiné du coloris, et *l'Entrée du premier consul à Anvers, le 18 juillet 1803*, par Mathieu Van Brée.

Quant au portrait de *Jean-Baptiste Belley*, député de Saint-Domingue, c'est une des plus belles œuvres de Girodet (fig. 174).

174

172
Jacques-Louis David
*le Premier Consul
franchissant les
Alpes, le 20 mai 1800*

173
Nicolas-André
Monsiau
*les Comices de Lyon,
le 26 janvier 1802,*
1808

174
Anne-Louis Girodet
Jean-Baptiste Belley,
1797

Le second Cabinet des dessins

Deux belles gouaches de Jean-Baptiste Isabey rappellent *la Visite du premier consul à la manufacture des frères Sévène à Rouen, le 2 novembre 1802,* et la *Visite de l'Empereur à la manufacture d'Oberkampf à Jouy, le 20 juin 1806.* La *Signature du Concordat entre la France et le Saint-Siège par le premier consul, le 15 juillet 1801,* est évoquée par Gérard ; la *Signature par le pape Pie VII, le 15 août* de la même année par J.B. Wicar.

Cinq dessins de David sont des études pour les grands tableaux du Sacre et de la distribution des Aigles que l'on a vus précédemment dans la salle du Sacre. Un dessin d'Innocent-Louis Goubaud représente le *Baptême du roi de Rome à Notre-Dame de Paris, le 10 juin 1811.*

Quelques marches conduisent à un passage qui franchit la voûte de la salle du Sacre et où sont exposées des gravures extraites du livre du Sacre d'après des dessins d'Isabey.

La famille impériale

Autour du portrait du *Pape Pie VII* (fig. 175), dans lequel David témoigne d'une rare pénétration psychologique, sont accrochés ceux de la plupart des membres de la famille impériale : *Napoléon Ier* par Gérard, et *l'Impératrice Joséphine* par François-André Lethière, tous deux en costume du Sacre ; le père de l'empereur, *Charles Bonaparte* peint rétrospective-

175
Jacques-Louis David
le Pape Pie VII, 1805

176
Robert Lefèvre
*Pauline Bonaparte,
princesse Borghèse,*
1806

177
François Gérard
le Maréchal Murat,
1804

175

ment par Girodet; sa mère, *Madame Mère*, par Gérard; son oncle *le Cardinal Fesch*, par Charles Meynier; deux de ses frères, *Joseph, roi d'Espagne*, par Wicar, et *Jérôme, roi de Westphalie*, par François Kinson; ses trois sœurs *Elisa, grande-duchesse de Toscane*, par Lethière, *Pauline, princesse Borghese*, par Robert Lefèvre (fig. 176), *Caroline, reine de Naples*, par Louise-Elisabeth Vigée-Lebrun; son beau-frère *Joachim Murat* par Gérard (fig. 177); et sa belle-sœur *Marie-Julie Clary, reine d'Espagne*, par Lefèvre.

Bustes de *Louis*, roi de Hollande, par Pierre Cartellier, de *Joseph*, de *Jérôme*, d'*Elisa*, de son mari *Felix Bacciocchi* et de *Camille Borghese*.

La troisième coalition (1805)

Cette salle est située au-dessus de la salle de 1792.

Les tableaux évoquent la campagne de 1805 qui s'est conclue par l'éclatante victoire d'Austerlitz: *la Reddition d'Ulm, le 20 octobre 1805*, par Berton et par Thévenin; *l'Entrée de Napoléon à Munich, le 24 octobre* par Taunay; *Napoléon visitant un bivouac avant la bataille d'Austerlitz, le 1er décembre*, par Lejeune.

Les peintures représentant *les Entrevues de l'Empereur avec le duc de Wurtemberg et le prince de Bade* ont été commandées pour décorer la galerie de Trianon.

Portraits du *Maréchal Ney, duc d'Elchingen*, par Meynier,

177

176

178

et du *Maréchal Bernadotte, prince de Pontecorvo*, par Kinson. Beau buste du *Prince Eugène* fils de Joséphine par Pierre Chinard (fig. 178).

Les campagnes de Prusse et de Pologne (1806-1807)

Cette salle occupe l'emplacement de la voûte de l'escalier des Princes.

Une campagne de trois semaines, marquée par les victoires d'Iéna et d'Auerstaedt, anéantit l'armée prussienne et ouvre à Napoléon les portes de Berlin, où il fait son Entrée le 26 octobre 1806; cet événement est évoqué par le tableau de

178
Pierre Chinard
le Prince Eugène,
1806

179
Louis Ducis
*Napoléon et ses
neveux,* 1810

180
François Gérard
Madame Bonaparte,
1808

181
François Gérard
Madame Récamier,
1805

179

Meynier, tandis que celui de Marie-Nicolas Ponce-Camus rappelle *la Visite de l'Empereur au tombeau de Frédéric II.*

L'hiver suivant voit Napoléon en Pologne, où il reçoit *Une ambassade du shah de Perse,* réception que rappelle un tableau de Mulard. Les victoires d'Eylau, de Dantzig et de Friedland mettent fin à la guerre ; l'empereur et le tsar Alexandre Ier se rencontrent à Tilsitt. Napoléon rentre en France et un tableau de Louis Ducis le représente avec ses neveux et nièces sur *la Terrasse du château de Saint-Cloud* (fig. 179).

Trois peintures commandées pour la galerie de Trianon rappellent *les Entrevues de l'Empereur avec l'ancien électeur de Mayence, devenu prince-primat, et avec le grand duc de Wurtzburg,* ainsi que *l'entrée de Napoléon à Dantzig, le 25 mai 1807.*

On remarque les portraits du *Maréchal* et de la *Maréchale Lefebvre, duc et duchesse de Dantzig.*

La salle est ornée de trois vases en porcelaine de Sèvres, l'un à fond couleur écaille, les deux autres à fond bleu.

Les esquisses de Gérard

Cette salle et les suivantes sont situées au niveau de la voûte de la galerie des Batailles et au-dessus de la galerie de pierre qui la longe.

Ici est présentée la majeure partie de la précieuse collection des esquisses de François Gérard. En fait, il s'agit moins d'esquisses préparatoires que de réductions, exécutées par le peintre lui-même, de ses grands portraits, aujourd'hui dispersés dans les musées et les collections privées. Gérard conserva toujours ces petits tableaux dans son atelier ; à sa

180

181

mort, en 1837, sa veuve les vendit à Louis-Philippe pour le musée de Versailles.

D'une facture plus libre que les tableaux définitifs (on pourra comparer avec leurs « esquisses » respectives le portrait de *Murat* que l'on a déjà vu et ceux de l'*Impératrice Marie-Louise* et de *Regnaud de Saint-Jean d'Angely* que l'on verra plus loin), ces peintures ont le charme et la vivacité de l'improvisation ; elles forment en tout cas une galerie incomparable de portraits de la société élégante et de la cour du Directoire à la Restauration : *Madame Bonaparte à Malmaison* (fig. 180), *Madame Récamier* (fig. 181) (le tableau est au musée Carnavalet) *l'Empereur* et *les Deux Impératrices*, les frères, sœurs, beaux-frères et belles-sœurs de Napoléon, les dames de la cour impériale, les souverains étrangers alliés ou ennemis, les maréchaux et les ministres.

Le salon de 1808

Un grand tableau que Gros a laissé à l'état d'ébauche représente *Napoléon décorant des artistes au salon du Louvre, le 20 octobre 1808* : on y reconnaît l'Empereur décorant Gros, l'impératrice Joséphine et la reine Hortense, David, Girodet, etc.

Gros est également l'auteur des deux portraits équestres de *Jérôme, roi de Westphalie* et de son épouse *Catherine de Wurtemberg*. Bustes de *Napoléon* (fig. 182) et de *Joséphine* par Houdon, et du *Prince Eugène* fils de l'Impératrice et vice-roi d'Italie, par Giovanni-Battista Comolli.

L'administration de l'Empire

Autour du portrait de l'*Empereur* (fig. 183) par Robert Lefèvre, sont présentés ceux de la plupart de ses ministres, en particulier *le Comte Daru, ministre d'Etat*, par Gros, *Savary,*

183

duc de Rovigo, ministre de la Police générale, par Lefèvre, *le Comte de Montalivet, ministre de l'Intérieur*, par Regnault.

Un tableau de Goubaud représente *la Députation du Sénat romain offrant ses hommages à Napoléon, le 16 novembre 1809*; la scène se passe dans la salle du trône du palais des Tuileries, ancienne chambre de Louis XIV. De part et d'autre, deux vases en porcelaine de Sèvres à fond vert de chrome. A droite, le portrait de *Jérôme et Catherine, roi et reine de Westphalie*, par Kinson.

La campagne d'Autriche (1809)

Les deux grands tableaux représentent *les Derniers Moments du maréchal Lannes à Essling, le 22 mai 1809*, par Florent Bourgeois et *Napoléon ordonnant de jeter un pont sur le Danube, à Ebersdorf pour passer dans l'île de Lobau, en juin 1809*, par Ludovico Venuti. D'autres tableaux évoquent *le Passage du pont de Landshut, le 21 avril*, par Louis Hersent, *la Prise de Ratisbonne, le 23 avril*, par Charles Thévenin, et *le Bivouac de Napoléon sur le champ de bataille de Wagram, la nuit du 5 au 6 juillet*, par Adolphe Roehn.

Portraits du *maréchal Lannes, duc de Montebello*, par Jean-Charles Perrin, et du *maréchal Oudinot, duc de Reggio*, par Lefèvre.

L'impératrice Marie-Louise et le roi de Rome

La Bataille d'Ebersberg, le 4 mai 1809 a été peinte par Taunay, et *le Bombardement de Vienne, les 11 et 12 mai*, par

Bacler d'Albe. Ces deux événements entraînent la chute de Vienne.

L'année suivante, a lieu le mariage de Napoléon avec l'archiduchesse Marie-Louise; il est représenté ici par plusieurs tableaux, en particulier *l'Entrée du cortège impérial dans le jardin des Tuileries, le 2 avril 1810* par Etienne-Barthélemy Garnier (fig. 184), qui a su rendre avec un grand souci du détail l'éclat des costumes, des uniformes et des équipages, et *le Mariage religieux dans le Salon carré du Louvre,* par Georges Rouget. Deux peintures de Van Brée rappellent la visite à Anvers des souverains, un mois après leur mariage.

Le célèbre portrait de *l'Impératrice tenant dans ses bras le roi de Rome,* par Gérard (fig. 185) est encadré par deux charmantes petites toiles: *le Roi de Rome,* par Gérard, et *l'Impératrice contemplant son fils endormi,* par Joseph Franque.

Portraits du *comte Regnaud de Saint-Jean d'Angely* (fig. 186), qui participa au conseil au cours duquel fut décidée la dissolution du premier mariage de l'empereur (ce tableau, dans la sobriété de ses coloris, est l'un des principaux chefs-d'œuvre de Gérard), du *Maréchal Berthier, prince de Wagram et de Neufchâtel,* qui représenta Napoléon au mariage par procuration à Vienne, par Jacques-Augustin Pajou, et de *Madame Mère,* grand-mère et marraine du roi de Rome, par Lefèvre.

184

185

186

187

184
Etienne-Barthélemy Garnier
l'Entrée du cortège impérial dans le jardin des Tuileries, le 2 avril 1810

185
François Gérard
l'Impératrice Marie-Louise et le roi de Rome, 1813

186
François Gérard
le Comte Regnaud de Saint-Jean d'Angély, 1808

187
Robert Lefèvre
le Baron Vivant Denon, 1808

Les lettres, les arts et les sciences

Les trois grands tableaux représentent: le poète *Jacques Delille,* par Danloux, l'industriel *François-Bernard Boyer-Fonfrède et sa famille,* par François-André Vincent; et *Alexandre Lenoir* qui, pendant la Révolution, sauva de la destruction d'innombrables monuments anciens, par Pierre-Maximilien Delafontaine.

Parmi les autres portraits, on remarque surtout ceux des personnages suivants: *le Vicomte de Chateaubriand,* par Girodet, *la Baronne de Staël,* d'après Gérard, et leur amie *Madame Récamier* par Eulalie Morin; *Vincent Arnault,* secrétaire perpétuel de l'Académie française par Vincent, et *Madame Arnault* par Regnault; le poète *Jean-François Ducis,* par Gérard; *le Baron Vivant Denon,* Directeur général des musées (fig. 187), et l'Architecte *Charles Percier,* par Lefèvre; les musiciens

188

Pierre-Joseph Zimermann par Gros et André-Ernest-Modeste Grétry, par Lefèvre; le Marquis de Laplace, mathématicien et astronome, par Paulin Guérin; Antoine-Auguste Parmentier, par François Dumont; la Comtesse Regnaud de Saint-Jean d'Angély, par Appiani.

La guerre d'Espagne (1807-1813) et la campagne de Russie (1812)

La longue et cruelle guerre d'Espagne est évoquée ici par de nombreux tableaux : L'armée française traverse la Sierra de Guadarrama, décembre 1808 par Taunay; la Bataille de Somo-Sierra, le 30 novembre 1808, l'Assaut du monastère de San Engracia à Saragosse, le 8 février 1809, la Bataille de Chiclana, le 5 mars 1811, le Combat de Guisando, le 11 avril 1811, ces quatre derniers tableaux par Lejeune; la Défense du château de Burgos, en octobre 1812 par François-Joseph Heim.

En revanche, la campagne de Russie, qui devait sonner le glas de l'Empire, n'est représentée que par deux peintures, dont la Bataille de la Moskowa, le 7 septembre 1812, par Lejeune (fig. 188).

Portraits du Général Duroc, duc de Frioul, grand maréchal du palais, par Gros, du Maréchal de Marmont, duc de Raguse, par Paulin Guérin, du Lieutenant général comte de Ségur, par Gérard, et du Baron Dominique Larrey, chirurgien-chef de la Garde impériale, par Guérin.

188
Louis-François
Lejeune
Bataille de la
Moscowa
le 7 septembre 1812
(détail)

189
François-Dominique
Milhomme
le Général Lazare
Hoche, 1808

La fin de l'Empire

Les deux portraits d'apparat de *Napoléon* et de *Marie-Louise* par Lefèvre datent de 1812. Ils sont encadrés par ceux du *Général et de la comtesse Walter* par Lefèvre et par ceux du *Général et de la comtesse Legrand* par Gros. Les adieux de Fontainebleau sont évoqués par une copie réduite du célèbre tableau d'Horace Vernet. Ambroise-Louis Garneray a peint *le Retour de l'île d'Elbe, le 28 février 1815*. Bustes du *Tsar Alexandre Ier* par Lorenzo Bartolini et de *l'Impératrice Marie-Louise* par Paolo Triscornia.

Les « napoléonides » en exil

Autour du buste lauré de *Napoléon*, par Giacomo Spalla, sont présentés les portraits de *Louis*, ex-roi de Hollande, peint à Rome en 1815 par Carl-Christian Vogel, de *Louis et son fils aîné Napoléon-Louis* d'après Wicar, de *Charlotte Bonaparte*, fille de Lucien, par Jean-Pierre Granger, et du *Prince Federico Bacciochi*, second fils d'Elisa, par Barbara Krafft en 1819.

Le visiteur descend jusqu'au rez-de-chaussée par l'escalier de Provence, ainsi nommé parce qu'il desservait, à la veille de la Révolution, les appartements du comte et de la comtesse de Provence, frère et belle-sœur de Louis XVI.

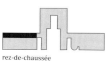

rez-de-chaussée

Les salles du rez-de-chaussée de l'aile du Midi

Le général Hoche

Cette salle est consacrée à *Lazare Hoche*, né à Versailles le 24 juin 1768. Sergent aux Gardes françaises en 1789, il défendit Louis XVI lors de l'invasion du château le 6 octobre, avant de devenir l'un des chefs militaires les plus brillants de la Révolution et de mourir, à l'âge de vingt-neuf ans, le 19 septembre 1797.

La statue, exécutée en 1808 à Rome par François-Dominique Milhomme (fig. 189), le représente nu comme un héros antique et tenant en main un « volumen » : c'est donc le pacificateur plus que le vainqueur qui est évoqué ici ; cependant, le fauteuil sur lequel il est assis est ornée d'une Victoire entre les figures du Rhin et de la Moselle qui furent les témoins de ses plus glorieux faits d'armes.

Les quatre bas-reliefs, réalisés en 1799 par Simon-Louis Boizot, étaient destinés à orner un monument commémoratif à Weissenthurm. Ils représentent *l'Attaque des lignes de Wissembourg, le 26 décembre 1793, la Bataille de Neuwied, le 18 avril 1797, la Prise du Fort-Penthièvre à Quiberon, le 21 juillet 1795* et *la Pacification de la Vendée, en 1796*.

Le visiteur parcourt alors la galerie basse de l'aile du Midi jusqu'à l'escalier des Princes. Cette galerie est ornée de statues et de bustes représentant des personnages célèbres de la Révolution et de l'Empire. On remarque notamment les statues du *Général de Custine* par Moitte, de *Pichegru* et de *Louis Bonaparte* par Cartellier, de *Joseph Bonaparte* par Delaistre, du *Prince Eugène* par Ramay, de *Portalis* par Deseine, du *Général Cafarelli* et du *Consul Lebrun* par Masson, de *Tronchet* et du *général Dugommier* par Chaudet.

Au milieu de la galerie, face au vestibule central, se trouve une statue de *Minerve* par Cartellier, que Louis-Philippe avait placée dans l'une des niches de la galerie des Glaces. Les portes qui l'encadrent donnent accès à la salle du Congrès qui fut construite après 1875 pour abriter la Chambre des députés, alors que le Sénat devait siéger dans l'Opéra. En fait, elle ne servit jamais qu'aux réunions du Congrès, c'est-à-dire de la Chambre et du Sénat assemblés, autrefois pour l'élection du Président de la République, aujourd'hui pour les révisions de la Constitution.

Avant de parvenir à l'escalier des Princes, le visiteur pénètre à gauche dans la suite des salles de la Révolution, du Consulat et de l'Empire, qui occupent le rez-de-chaussée de l'aile du Midi et où sont exposés les tableaux de grand format. Ces salles ont conservé le décor que Louis-Philippe leur avait donné, en particulier les panneaux décoratifs placés près des fenêtres et présentant des scènes historiques inscrites dans des arabesques en grisaille d'or.

Les six premières salles correspondent à deux appartements qui, sous l'Ancien Régime, étaient habituellement habités par des princes de la Maison de Condé. C'est dans l'un de ces appartements que fut logé le roi de Suède Gustave III lors du séjour qu'il fit à Versailles en mai 1784.

190

190
Hippolyte Lecomte
l'Attaque de la voiture de Madame Bonaparte sur les bords du lac de Garde, 1806

191

191
Girodet-Trioson
*la Révolte du Caire,
le 21 octobre 1798,*
1810

La première campagne d'Italie (1796)

Le colonel Rampon défend la redoute de Monte Legino, le 10 avril 1796 par René Berthon; *l'Attaque du château de Cossaria, le 13 avril,* par Taunay; *la Mort du général Causse à Dego, le 16 avril* par Mulard.

L'Attaque de la voiture de madame Bonaparte sur les bords du lac de Garde, en août 1796 par Hippolyte Lecomte (fig. 190); *le Général Augereau au pont d'Arcole, le 15 novembre,* par Thévenin; *la Bataille d'Arcole, le 17 novembre,* par Bacler d'Albe.

La bataille des Pyramides

La campagne d'Italie prend fin avec *les Préliminaires de la paix signés à Leoben, le 17 avril 1797,* représentés ici par Lethière.

L'expédition d'Egypte commence avec *l'Entrée du général Bonaparte à Alexandrie, le 1er juillet 1798,* dont le tableau de Guillaume-François Colson garde le souvenir. En pendant une peinture de Gros montre *Bonaparte haranguant l'armée avant la bataille des Pyramides, le 21 juillet.*

La révolte du Caire

La violence dramatique de *la Révolte du Caire, le 21 octobre 1798,* le célèbre tableau de Girodet-Trioson (fig. 191), s'oppose à la poésie tranquille et à l'orientalisme de *la Grâce aux révoltés du Caire, le 23 octobre 1798,* par Pierre Narcisse Guérin.

Le Général Kléber prend la succession de Bonaparte comme général en chef de l'armée d'Orient mais, le 14 juin 1800, il est assassiné par un fanatique; son portrait, par Antoine Ansiaux, est entouré par ceux de *six cheiks égyptiens,* peints par Michel Rigo.

Bustes du *Général Joubert* et de *Julien*, aide de camp de Bonaparte, exécutés tous deux par Boizot.

Le Consulat

Le coup d'Etat du 18 Brumaire an VIII (9 novembre 1799) provoque la chute du Directoire et l'avènement du Consulat.

Il est évoqué ici par le tableau de François Bouchot représentant *le Général Bonaparte au Conseil des Cinq-Cents à Saint-Cloud, le 19 brumaire* (10 novembre).

Quelques mois plus tard, c'est la victoire de Marengo : *la Mort du général Desaix à Marengo, le 14 juin 1800*, par Jean Broc, un élève de David, offre un portrait du premier consul qui compte parmi ses images les plus véridiques et les plus émouvantes.

Quatre ans plus tard, l'Empire est proclamé et l'une des premières cérémonies présidées par le nouvel empereur est *la Première Distribution des croix de la Légion d'honneur dans l'église des Invalides, le 14 juillet 1804* représentée ici par Jean-Baptiste Debret.

La proclamation de l'Empire (18 mai 1804)

La dimension de certains tableaux n'a pas toujours permis de les présenter à leur place chronologique.

Georges Rouget, l'un des meilleurs élèves de David est l'auteur du tableau où l'on voit *Napoléon recevant dans la galerie du château de Saint-Cloud le sénatus-consulte qui le proclame empereur des Français* : autour de l'Empereur, on reconnaît l'impératrice Joséphine, sa fille Hortense et sa belle-sœur Caroline et, parmi les sénateurs, Talleyrand et Lacépède.

Le sacre a lieu à Notre-Dame de Paris le 2 décembre et le 8 décembre, *Napoléon reçoit au Louvre les députés de l'armée après son couronnement*. Gioacchino Serangeli a situé la scène dans l'une des salles de l'ancien appartement d'été d'Anne d'Autriche, devenue galerie des Antiques, et l'on aperçoit dans le fond le célèbre groupe de *Laocoon*, provenant du Vatican.

Mais la guerre ne tarde pas à reprendre et *Napoléon harangue le 2ᵉ corps de la Grande Armée sur le pont de Lech près d'Augsburg, le 12 octobre 1805*, événement que rappelle le tableau de Claude Gautherot.

La troisième coalition (1805)

Napoléon rendant hommage au courage malheureux, en octobre 1805, par Debret, *Le Maréchal Ney remet aux soldats du 76ᵉ régiment de ligne leurs drapeaux retrouvés dans l'arsenal d'Innsbruck, le 7 novembre*, par Meynier, *la Surprise du pont du Danube, le 14 novembre* par Guillon-Lethière.

Le vestibule Napoléon

L'architecture dorique de ce vestibule, situé au centre de l'aile, n'a guère varié depuis Louis XIV ; cependant, les bas-

192

reliefs des dessus-de-porte datent des aménagements de Louis-Philippe.

Statues de *Napoléon I*er par Ruxthiel en 1836 et de l'*Impératrice Joséphine* par Vital-Dubray en 1857.

Les salles suivantes correspondent à deux appartements qui, au temps de Louis XIV, étaient habités par deux de ses filles, la princesse de Conti et la duchesse de Bourbon, et, à la fin de l'Ancien Régime, par les enfants de France et leur gouvernante.

La victoire d'Austerlitz (2 décembre 1805)

Napoléon recevant les clefs de la ville de Vienne, le 13 novembre 1805, par Girodet; *Napoléon donnant l'ordre avant la bataille d'Austerlitz, le 2 décembre* par Carle Vernet (fig. 192) et l'*Entrevue de Napoléon et de l'empereur François I*er *à Sarutschitz, le 4 décembre* par Gros.

Entre les fenêtres, est placé le vase commémoratif d'Austerlitz, exécuté en 1806 à la manufacture de Sèvres, à l'imitation des vases grecs à figures rouges sur fond noir.

La quatrième coalition (1806-1807)

*Le Sénat reçoit les drapeaux pris à Elchingen, le 1*er *janvier 1806*, par Jean-Baptiste Regnault; *Napoléon reçoit les députés du Sénat au palais royal de Berlin, le 19 novembre* par René-Théodore Berthon; et, sur le mur du fond *Napoléon sur le champ de bataille d'Eylau, le 9 février 1807*, copie par Jean-Baptiste Mauzaisse du tableau de Gros exposé au musée du Louvre.

192
Carle Vernet
Napoléon donnant l'ordre avant la bataille d'Austerlitz, le 2 décembre 1805,
1808

L'entrevue de Tilsitt (juillet 1807)

Napoléon reçoit la reine de Prusse à Tilsitt le 9 juillet 1807 par Nicolas Gosse; *Napoléon décore de la Légion d'honneur un soldat de la Garde impériale russe le 9 juillet*, par Debret; et *les Adieux de l'Empereur et du Tsar à Tilsitt, le 9 juillet* par Serangeli.

La guerre d'Espagne (1808) et la cinquième coalition (1809)

Deux scènes dramatiques évoquent la capitulation de Madrid: *l'Ultimatum, le 3 décembre* par Carle Vernet et *la Soumission de Madrid, le 4 décembre* par Gros.

Quelques mois plus tard, commence la campagne d'Autriche qui aboutira à la prise de Vienne. Elle est évoquée ici par un tableau de Meynier: *Napoléon visitant les blessés dans l'île de Lobau sur le Danube après la bataille d'Essling, le 23 mai 1809*.

La cour impériale

Deux tableaux rappellent des épisodes de la campagne d'Autriche: *Napoléon harangue les troupes bavaroises et wurtembergeoises à Abensberg, le 20 avril 1809*, par Debret; et *Napoléon blessé au cours de l'assaut de Ratisbonne, le 23 avril*, par Gautherot.

Les fastes de la cour des Tuileries sont évoqués par le grand tableau du fond et par le somptueux mobilier.

193
Jean-Baptiste
Regnault
*le Mariage du prince
Jérôme avec la
princesse Catherine
de Wurtemberg,
le 22 août 1807*, 1810

194

194
Jacob-Desmalter
meuble d'appui du
Grand Cabinet de
l'Empereur aux
Tuileries, 1813

195
Antonio Canova
le Pape Pie VII, 1805

195

Jean-Baptiste Regnault a peint *le Mariage du prince Jérôme avec la princesse Catherine de Wurtemberg, le 22 août 1807* (fig. 193). On peut reconnaître, autour de l'Empereur et de l'impératrice Joséphine, tous les membres de la famille impériale.

Les trois meubles à hauteur d'appui en ébène et bronze doré, avec les figures de la Guerre et de la Paix appliquées sur des plaques argentées (fig. 194), ont été livrés en 1812 par Jacob-Desmalter pour le grand cabinet de l'Empereur au palais des Tuileries où figuraient déjà, depuis l'année précédente, les deux grandes torchères en bronze ciselé par Thomire. Le buste du *Pape Pie VII* par Antonio Canova (fig. 195), ornait également ce grand cabinet.

La naissance du roi de Rome et la cour d'Elisa
Le Mariage de Napoléon et de Marie-Louise, archiduchesse d'Autriche, le 2 avril 1810, par Georges Rouget, est une copie considérablement agrandie du petit tableau que l'on a vu précédemment. C'est le même Rouget qui a peint la *Naissance du roi de Rome, le 20 mars 1811* ou plutôt le moment où *Napoléon présente son fils aux grands dignitaires de l'Empire.*

Elisa, grande duchesse de Toscane et sa cour apparaissent dans le grand tableau peint en 1813 par Pietro Benvenuti (fig.' 196). La scène se passe à Florence, dont on reconnaît le Dôme dans le fond, et Canova présente le buste de la princesse qu'il vient d'achever et dont un exemplaire est exposé à proximité du tableau.

La salle de Marengo

Il a déjà été remarqué que la dimension de certains tableaux a parfois empêché Louis-Philippe de respecter l'ordre chronologique : c'est le cas, en particulier, pour cette salle aménagée à l'emplacement de l'appartement de la gouvernante des enfants de France et consacrée aux événements de l'année 1800.

Le Passage du Grand-Saint-Bernard par l'armée française le 20 mai a été représenté par Thévenin, *la Mort de Desaix à Marengo, le 18 juin,* par Regnault.

Un grand tableau de Carle Vernet figurant *la Bataille de Marengo* occupait tout le fond de la salle ; il a été fâcheusement supprimé et remplacé par un escalier conduisant à l'appartement du président de l'Assemblée nationale, qui n'est autre que l'ancien appartement de la comtesse de Provence, belle-sœur de Louis XVI.

Cet escalier est actuellement encadré par les portraits du *Premier Consul* peint par Jean-Baptiste Greuze en 1801, et par celui de son beau-frère *Charles-Emmanuel Leclerc,* premier

196

époux de Pauline Bonaparte et général en chef de l'armée de Saint-Domingue, par Kinson.

En face, on peut voir une copie exécutée par un élève de David du portrait de *Bonaparte franchissant les Alpes* dont on a vu précédemment l'un des exemplaires originaux.

Le beau vase en porcelaine de Sèvres avec des bronzes de Thomire évoque le mariage de Napoléon avec Marie-Louise; mais la figure de l'Empereur a malheureusement été supprimée à la Restauration. Les torchères en tôle peinte imitant la malachite proviennent du palais de Saint-Cloud.

Le visiteur traverse à nouveau la salle Hoche, parcourt la galerie sur toute sa longueur jusqu'à l'escalier des Princes et sort sous le péristyle des Princes. En tournant à gauche il accède aux jardins. Mais, s'il souhaite continuer la visite des «Galeries historiques», il doit prendre à droite le passage couvert, traverser la cour Royale, pénétrer dans le vestibule d'entrée et gagner directement le vestibule de la chapelle.

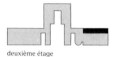

deuxième étage

Les salles du XIXe siècle

Ces salles sont consacrées à la Restauration, à la monarchie de Juillet, au Second Empire et à la Troisième République. Situées dans l'aile du Nord, elles sont réparties en deux groupes : l'un, au premier étage, comprend sept salles (dites d'Afrique, de Crimée et d'Italie) réservées aux tableaux de grand format; celles-ci sont actuellement en restauration et ne peuvent être visitées. A l'étage d'attique, les œuvres de petit et moyen format sont exposées dans vingt et une salles qui peuvent être visitées sous la conduite d'un conférencier (sur demande).

197.

196
Pietro Benvenuti
*Elisa, grande
duchesse de Toscane
et sa cour*, 1813

197
Horace Vernet
*le Roi Louis-Philippe Ier
et ses fils devant
le château de
Versailles*, 1846

198

199

200

198
Hippolyte Lecomte
*l'Entrevue de
Louis XVIII avec
la princesse Caroline
des Deux-Siciles,
le 15 juin 1816*, 1817

199
Louis Ducis
*Louis XVIII assiste au
retour de l'armée
d'Espagne,
le 2 décembre 1823*,
1824

200
Louis-François
Lejeune
*l'Entrée de Charles X
à Paris, le 6 juin 1825*,
1825

201
François Gérard
*la Duchesse de Berry
et ses enfants*, 1820

202
Antoine-Jean Gros
*la Duchesse
d'Angoulême*, 1817

Par l'escalier Questel, situé à l'extrémité de l'aile Nord, on accède à l'attique du Nord.

La Restauration

Les tableaux évoquent les événements joyeux ou tragiques de la Restauration ; *l'Entrevue de Louis XVIII avec la princesse Caroline des Deux-Siciles, dans la forêt de Fontainebleau, le 15 juin 1816*, par Hippolyte Lecomte (fig. 198) ; *les Derniers Moments du duc de Berry, le 14 février 1820*, par Alexandre Menjaud. *Louis XVIII assiste, du balcon central des Tuileries, au retour de l'armée victorieuse d'Espagne, le 2 décembre 1823*, par Ducis (fig. 199), *Charles X arrivant à Notre-Dame, lors de son entrée solennelle dans Paris, le 27 septembre 1825*, par Gosse ; *l'Entrée de Charles X à Paris après son sacre, le 6 juin 1825*, par Lejeune (fig. 200) ; *la Pose de la première pierre du monument à Louis XVI, le 3 mai 1826*, par Joseph Beaume.

La famille royale

Cette salle regroupe une série importante de portraits de membres de la famille royale et de princes du sang : *Louis XVIII* par Guérin ; *le Comte d'Artois en colonel-général des carabiniers, le duc de Berry, la duchesse de Berry et ses enfants* (fig. 201), *Charles X en costume du sacre*, ces quatre tableaux par Gérard ; *le Duc d'Angoulême* par Kinson, *la Duchesse d'Angoulême* par Gros (fig. 202) ; *Louis-Philippe, duc d'Orléans et ses deux fils aînés, le duc de Chartres et le duc de Nemours*, par Louis Hersent ; *la Duchesse d'Orléans* d'après Gérard, *Mademoiselle et le duc de Bordeaux* par Hersent.

201

202

Les expéditions militaires de la Restauration

L'expédition d'Espagne est évoquée par *la Prise des retranchements devant la Corogne, le 15 juillet 1823* par Lecomte et par *le Combat de Puerto de Miraverte, le 30 septembre* par Eugène Lami. L'expédition de Grèce revit notamment dans *la Bataille navale de Navarin, le 20 octobre 1827* par Ambroise Louis Garneray et l'expédition d'Alger dans *l'Attaque d'Alger par mer le 29 juin 1830* par Théodore Gudin.

Le monde politique et le milieu littéraire et artistique

Une remarquable collection de portraits, regroupés autour de celui de la *Duchesse de Berry* par Thomas Lawrence

203

204

205

206

(fig. 203), permet d'évoquer les hommes politiques, les écrivains et les artistes les plus célèbres de la première moitié du siècle. On remarquera particulièrement *Lamartine* par Gérard (fig. 204), *Royer-Collard* par Géricault, *Paul-Louis Courier* par Ary Scheffer, *Alexis de Tocqueville* par Chassériau (fig. 205); *Casimir Périer* par Hersent; *Lamennais* par Paulin Guérin, *Lacordaire* par Louis Janmot, *le Baron Gérard* par Lawrence, *Charles Baudelaire* par Emile Deroy, *Manuel, Stendhal*, etc.

Les Trois Glorieuses

Les journées révolutionnaires des 28, 29 et 30 juillet 1830 qui devaient entraîner la chute de la monarchie absolue et l'abdication de Charles X, sont évoquées par plusieurs tableaux dont *la Prise de l'Hôtel de Ville, le 28 juillet*, par Amédée Bourgeois (fig. 206); *l'Attaque de la caserne de la rue de Babylone, le 29 juillet*, par Jean-Abel Lordon; *l'Arrivée du duc d'Orléans au Palais-Royal, le soir du 30 juillet*, par Jean-Baptiste Carbillet d'après Horace Vernet.

Août 1830

Deux tableaux de François-Joseph Heim représentent *les Délégués de la Chambre des pairs et de la Chambre des députés présentant au duc d'Orléans l'acte qui l'appelle au trône et la Charte de 1830, au Palais-Royal le 7 août 1830*. Une peinture de Gosse rappelle *la Visite de la reine Marie-Amélie aux blessés des journées de Juillet à l'ambulance de la Bourse, le 25 août*.

Les événements politiques et militaires

La Garde nationale célèbre l'anniversaire du Roi dans la cour du Palais-Royal, le 6 octobre 1830, par François Dubois.

203
Thomas Lawrence
la Duchesse de Berry,
1825

204
François Gérard
*Alphonse de
Lamartine,* 1831

205
Théodore Chassériau
Alexis de Tocqueville,
1850

206
Amédée Bourgeois
*la Prise de l'Hôtel de
Ville, le 28 juillet 1830,*
1830

*Bivouac de la Garde nationale dans la cour du Louvre pendant
le procès des ministres de Charles X, dans la nuit du 21 au
22 décembre*, par Jean Gassies, *Louis-Philippe refuse la couronne de Belgique offerte à son fils le duc de Nemours, le
17 février 1831*, par Gosse. *La Reddition de la garnison hollan-
daise de la citadelle d'Anvers, le 24 décembre 1832*, par Eugène
Lami. *L'Attentat de Fieschi, le 28 juillet 1835*, par Eugène Lami.
Portraits de *Louis-Philippe* par Horace Vernet et de *la
Reine Marie-Amélie accompagnée de ses deux derniers fils, les
ducs d'Aumale et de Montpensier*, par Hersent.

Louis-Philippe Ier et sa famille

Dans cette salle, sont réunis les portraits de la famille
royale : le *Roi*, la *Reine*, leurs cinq fils, *les Ducs d'Orléans, de
Nemours, le Prince de Joinville, les Ducs d'Aumale et de Montpensier* ainsi que leurs épouses, leurs trois filles, *les Princesses
Louise, Marie et Clémentine* ainsi que leurs époux ; et enfin,
Madame Adélaïde, sœur du Roi. Tous ces portraits sont l'œuvre
de Franz-Xavier Winterhalter ou de son atelier, à l'exception
de celui du *Duc d'Orléans*, peint par Jean-Dominique Ingres.

On remarquera particulièrement ceux du *Roi* (fig. 207), de
la *Reine* (fig. 208), de *Madame Adélaïde*, de *la Duchesse d'Orléans tenant dans ses bras son fils aîné le comte de Paris*, du
Duc de Nemours et du *Duc de Montpensier*.

207

208

209

Les mariages et les baptêmes princiers

Une série de tableaux évoque les événements heureux de la vie familiale de Louis-Philippe : le *Mariage de la princesse Louise avec Léopold Ier, roi des Belges, au château de Compiègne le 9 août 1832*, par Court ; le *Mariage du duc de Nemours avec la princesse de Saxe Cobourg Gotha au château de Saint-Cloud le 27 avril 1840*, par Philippoteaux ; le *Baptême du duc de Chartres dans la chapelle des Tuileries le 14 novembre 1840*, par Marius Granet ; le *Baptême du comte de Paris à Notre-Dame le 2 mai 1841*, par Hippolyte Sebron ; le *Mariage du duc de Montpensier avec l'infante Marie-Ferdinande à Madrid le 10 octobre 1846*, par Karl Girardet. Il faut y ajouter une autre œuvre de Granet : *Louis-Philippe remettant la barrette au cardinal de Cheverus dans la chapelle des Tuileries, 10 mars 1836*.

Parmi les portraits exposés, celui du *Duc d'Orléans*, fils aîné de Louis-Philippe, s'impose comme un des chefs-d'œuvre d'Ingres (fig. 209). On remarque également ceux de la *Princesse de Joinville* et du *Comte d'Eu*, fils aîné du duc de Nemours, par Winterhalter, ainsi que le charmant tableau représentant le *Comte de Paris et le duc de Chartres dans le parc de Claremont en 1849*, par Alfred de Dreux.

207
Franz-Xavier
Winterhalter
le Roi Louis-Philippe Ier,
1839

208
Franz-Xavier
Winterhalter
*la Reine Marie-
Amélie,* 1842

209
Jean-Auguste-
Dominique Ingres
*Ferdinand-Philippe
d'Orléans, duc
d'Orléans,* 1843

La politique de réconciliation nationale

Le souci de Louis-Philippe de réconcilier les Français dans le culte de leur passé est concrétisé par deux décisions importantes : la création du musée de Versailles, dédié « à toutes les gloires de la France », et le retour des cendres de Napoléon.

Le premier événement est rappelé ici par plusieurs tableaux, dont : *Louis-Philippe visitant la galerie des Batailles, le 10 juin 1837*, par Heim ; *la Famille royale devant la statue de Jeanne d'Arc dans les galeries de Versailles, en 1839*, par Auguste Vinchon ; *Louis-Philippe et Marie-Amélie visitant la grande salle des Croisades en compagnie du roi et de la reine des Belges, en juillet 1844*, par Prosper Lafaye. Portraits de *Charles-François Neveu*, auteur de la transformation du château en musée, par Hersent, et de *Marius Granet*, premier conservateur du musée par lui-même.

Le retour des cendres est évoqué par : *le Transbordement des restes de Napoléon Ier à bord de la* Belle-Poule*, le 15 octobre 1840*, par Eugène Isabey, et par *les Funérailles de l'empereur Napoléon, le 15 décembre*, par Jacques Guiaud.

L'« entente cordiale »

Le rapprochement avec l'Angleterre, baptisé « entente cordiale », est marqué par deux visites en France de la reine Victoria et la réception de Louis-Philippe dans l'ordre de la Jarretière.

La première visite de la reine d'Angleterre est évoquée par plusieurs tableaux d'Eugène Lami : *l'Arrivée au Tréport, le 2 septembre 1843* ; *l'Arrivée au château d'Eu* ; *la Réception dans le salon de famille du château d'Eu, le 3 septembre* (fig. 210) ;

210

211

212

le Concert donné dans la galerie des Guise, le 4 septembre; la Promenade en char à bancs, le 3 septembre. De son côté, Isabey a représenté Louis-Philippe conduisant la reine Victoria à bord du yacht royal, en rade du Tréport, le 7 septembre 1843, et, un an plus tard, le Débarquement de Louis-Philippe à Portsmouth, le 8 octobre 1844.

Portraits de la Reine Victoria, du Prince Albert, de la Duchesse de Kent, mère de la Reine, et de Louis-Philippe portant la Jarretière, tous quatre par Winterhalter.

Le Second Empire

La révolution de février 1848 est évoquée par un tableau d'Adolphe Leleux : le Mot d'ordre et la Seconde République par deux œuvres d'Ary Scheffer : les portraits de Lamartine et de François Arago.

Le Second Empire revit dans les portraits de la famille impériale : Napoléon III et l'impératrice Eugénie par Winterhalter, l'Impératrice (fig. 211) et la Princesse Mathilde (fig. 212) par Edouard Dubufe. Les fastes de la cour sont évoqués par le célèbre tableau de Jean-Léon Gérôme rappelant *la Réception des ambassadeurs siamois dans la salle de bal du palais de Fontainebleau, le 27 juin 1861* (fig. 213). Les lettres et les arts sont représentés par les portraits d'*Alfred de Musset* par Charles Landelle et de *Charles Gounod* par Ary Scheffer, et par deux tableaux : *les Dames sociétaires de la Comédie-Françaises en 1855* par Faustin Besson et *la Répétition du «Joueur de flûte» dans l'atrium de la maison pompéienne du prince Napoléon, en 1861*, par Gustave Boulanger.

213

La campagne d'Italie (1859)

Le Combat de Montebello, le 20 mai a été peint par Philippoteaux, tandis qu'Eugène Guiraud a représenté *la Rentrée triomphale à Paris de l'armée d'Italie, le 14 août.*

Portrait de *Napoléon III* par Hippolyte Flandrin en 1861 (fig. 214).

La Pologne asservie

Dans cette petite salle sont regroupés les bustes de quelques-uns des personnages les plus célèbres du XIXᵉ siècle. Ils entourent la statue qu'Antoine Etex a sculptée en 1841 et qui est une émouvante *Allégorie à l'asservissement de la Pologne.*

L'expédition du Mexique et la guerre de 1870

La campagne du Mexique est représentée par deux tableaux de Jean Adolphe Beaucé : *la Prise du fort de San Xavier, le 29 mars 1863* et *l'Entrée du corps expéditionnaire à Mexico, le 10 juin.*

214

La guerre franco-prussienne revit dans une série remarquable d'œuvres d'Alphonse de Neuville dont *le Combat de Champigny, le 2 décembre 1870* (fig. 215) et *le Bivouac devant le Bourget, le 21 décembre.*

215

213
Jean-Léon Gérôme
la Réception des ambassadeurs siamois à Fontaine-bleau, le 27 juin 1861,
1864

214
Hippolyte Flandrin
l'Empereur Napoléon III,
1861

215
Alphonse de Neuville
le Combat de Champigny, le 2 décembre 1870,
1881

La Troisième République

Benjamin Ulmann a éternisé la séance du 16 juin 1877 de la Chambre des députés à Versailles au cours de laquelle Adolphe Thiers a été salué comme *le Libérateur du territoire.* Léon Bonnat est l'auteur des beaux portraits du *Cardinal Lavigerie,* de *Victor Hugo* (fig. 216), de *Thiers,* du *Comte de Montalivet* et de *Léon Gambetta,* qui comptent parmi ses œuvres les plus significatives, et dont la facture contraste singulièrement avec celle du tableau où Jean-François Raffaëlli a représenté *Georges Clemenceau prononçant un discours dans une réunion électorale en 1885.*

La fin du siècle

Marcel Baschet a peint *le Critique Francisque Sarcey chez sa fille madame Adolphe Brisson en 1893.* L'alliance franco-russe est évoquée principalement par deux grands tableaux : *l'Arrivée de la flotte russe à Toulon, le 13 octobre 1893,* par

217

218

216

Paul Jobert, et *la Revue de Bétheny en l'honneur du tsar Nicolas II, le 21 septembre 1901* par Albert Dawant.

Portraits d'*Alexandre Falguière* et d'*Alexandre Dumas fils*, par Bonnat, de *Gabriel Fauré* par Ernest Laurent, de *Stéphane Mallarmé*, par Auguste Renoir (fig. 217), de *Joris-Karl Huysmans*, par Jean-Louis Forain et de *Claude Debussy*, par Baschet (fig. 218).

La «Grande Guerre»

Les Galeries historiques s'achèvent sur l'évocation de la Première Guerre mondiale avec les portraits du *Maréchal Foch* par Jean Patricot, du roi des Belges *Albert Ier*, par Isidore Opsomer, du *Président Raymond Poincaré* par Baschet et de *Georges Clemenceau*, par François Cogné, et avec un tableau d'Herbert A. Olivier représentant *Une séance du Conseil supérieur interallié au Trianon Palace à Versailles, en juillet 1919*.

216
Léon Bonnat
Victor Hugo, 1879

217
Auguste Renoir
Stéphane Mallarmé,
1890

218
Maurice Baschet
Claude Debussy, 1885

Les jardins

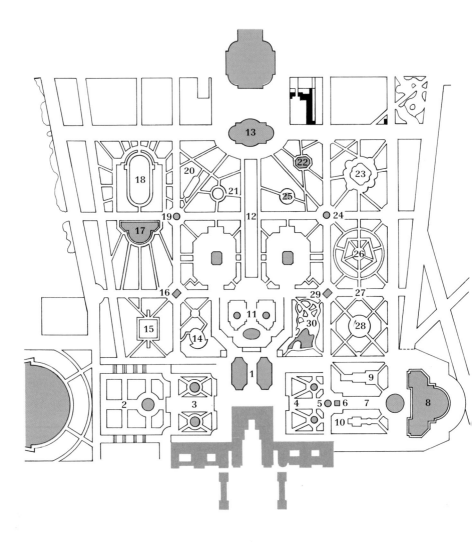

Avant la Révolution, le domaine royal de Versailles couvrait plus de 8 000 hectares. Entouré par un mur long de 43 kilomètres et percé de 22 portes, il était composé de trois enceintes distinctes :
– les jardins, comprenant les parterres et les bosquets ;
– le Petit Parc renfermant, entre autres, la pièce d'eau des Suisses, le Grand Canal, la Ménagerie et le domaine de Trianon ;
– le Grand Parc, réservé à la chasse et englobant de nombreux villages (fig. 219).

Morcelé à la Révolution et en grande partie aliéné, il ne couvre plus aujourd'hui que 815 hectares, correspondant aux jardins et à une partie de l'ancien Petit Parc.

Les jardins sont ornés de plus de trois cents statues, termes, bustes et vases, en marbre, bronze ou plomb, qui en font le plus important musée de sculpture en plein air qui soit au monde.

Parmi les statues, on compte une vingtaine d'antiques originaux, une trentaine de copies d'antiques exécutées par les élèves de l'Académie de France à Rome ; toutes les autres sont des œuvres originales, dues aux meilleurs sculpteurs du

219
Boileau
plan des jardins de
Versailles, 1744

219

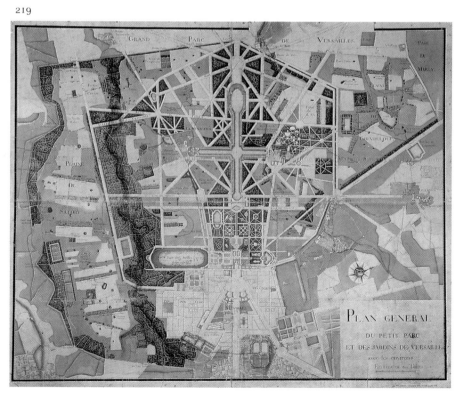

temps. Quelques-unes de ces statues, atteintes par la pollution ou victimes du vandalisme, ont dû être mises à l'abri dans les galeries de la Grande Ecurie; elles ont été remplacées par des moulages.

Les sculptures sont placées, pour la plupart, autour des parterres et le long de l'allée Royale : on peut donc les voir librement tous les jours, du lever au coucher du soleil. Cependant, certaines d'entre elles ornent des bosquets qui sont habituellement fermés au public : elles ne sont donc visibles que les jours où a lieu le jeu des Grandes Eaux, à l'occasion duquel les bosquets sont ouverts.

L'accès aux jardins se fait habituellement par le passage des Princes, mais on peut également emprunter le passage du Nord.

220

Les parterres et l'allée royale

Le parterre d'Eau[1]

Il s'étend devant la façade du corps central du château, au pied de la galerie des Glaces.

Primitivement, il était formé de cinq bassins principaux aux formes chantournées, et devait comporter un important décor sculpté : quatre groupes représentant des «enlèvements» qui symbolisent *les Quatre Eléments*, et vingt-quatre statues représentant *les Quatre Parties du monde, les Quatre Saisons, les Quatre Heures du jour, les Quatre Eléments, les Quatre Poèmes* et *les Quatre Tempéraments de l'homme*, en un mot tout ce qui, dans l'univers, est influencé par la marche du soleil : le mythe d'Apollon, qui a inspiré le décor des Grands Appartements, fournit donc également le thème principal de celui des jardins, assurant ainsi la liaison organique entre l'intérieur et l'extérieur du château et soulignant la parfaite homogénéité de l'iconographie versaillaise.

Ici encore, c'est Charles Le Brun qui dirige le travail des sculpteurs en leur donnant les dessins préparatoires dont ils devront s'inspirer ; il leur indique, en particulier, les symboles qui doivent caractériser les différentes figures allégoriques et dont il a cherché les modèles dans l'*Iconologia* de Cesare Ripa.

Cependant, la réalisation de cette «grande commande de 1674» demandera une vingtaine d'années, de sorte qu'au moment de leur livraison, les sculptures ne seront pas placées selon le projet initial qui, entre temps, a été profondément transformé. Les groupes seront dispersés : deux d'entre eux orneront le parterre de l'Orangerie[2] (ils sont aujourd'hui au musée du Louvre), le troisième, le bosquet de la Colonnade et le quatrième ne sera jamais exécuté. Quant aux statues, elles seront disposées de part et d'autre du degré de Latone et le long des charmilles bordant le parterre du Nord, sans qu'il soit tenu aucun compte de leur signification : le point de vue esthétique l'emporte désormais sur le programme allégorique et symbolique.

En 1683, le parterre d'Eau prend l'aspect qu'il a conservé jusqu'à nos jours, au moment où l'achèvement de l'aile du Midi et la construction de l'aile du Nord donnent aux façades du château leur développement définitif (fig. 220).

La façade du corps central est ornée, au rez-de-chaussée, de quatre statues de bronze, fondues par les frères Keller d'après des antiques célèbres : *Bacchus, Apollon, Antinoüs* et

221

Silène. Aux angles de la terrasse, sont placés deux admirables vases de marbre, dont le décor rappelle celui des salons de la Guerre et de la Paix, situés au-dessus d'eux : au nord, le *Vase de la Guerre* par Coysevox (fig. 221), au midi *le Vase de la Paix* par Tuby.

Devant la terrasse, s'étendent deux bassins rectangulaires dont les margelles de marbre sont ornées de statues de bronze : groupes d'enfants dans les angles et, sur les côtés, personnages allongés qui s'harmonisent parfaitement, sans la rompre, avec l'immense ligne horizontale des façades du château. Par la beauté des visages, l'élégance des formes, la finesse de la ciselure et la qualité de la fonte réalisée, ici encore, par les frères Keller, cet ensemble monumental compte parmi les plus grands chefs-d'œuvre de la statuaire du XVIIe siècle.

Sur les grands côtés, on peut voir huit nymphes des eaux et, sur les petits côtés, on peut reconnaître une évocation du royaume de France, grâce aux figures allégoriques de ses quatre grands fleuves, accompagnés chacun de son principal affluent : en face du *Vase de la Paix, la Loire* et *le Loiret,* par Regnaudin; en face du *Vase de la Guerre, la Garonne* et *la Dordogne,* par Coysevox; aux autres extrémités, *la Seine* (fig. 222) et *la Marne,* par Le Hongre, et *le Rhône* et *la Saône* (fig. 223) par Tuby.

Le visiteur se rend alors jusqu'au perron donnant accès au parterre du Midi[3], qui est encadré par les groupes des *Enfants chevauchant des sphinx,* œuvre charmante de Jacques Sarrazin pour les enfants et de Louis Lerambert pour les sphinx (fig. 224). De part et d'autre, sur la tablette de marbre, sont placés douze vases en bronze, fondus d'après des modèles de

221
Antoine Coysevox
le Vase de la Guerre,
1684

222
Etienne Le Hongre
la Seine, 1687

223
Jean-Baptiste Tuby
la Saône, 1687

224
Jacques Sarrazin et
Louis Lerambert
*les Sphinx aux
enfants,* 1660-1668

222

223

224

225   226

Claude Ballin. Dans le fond de la perspective, au-delà de la pièce d'eau des Suisses, on aperçoit la statue équestre de *Louis XIV* par Lorenzo Bernini, transformée par Girardon en *Marcus Curtius* : il s'agit d'un moulage, et l'original est désormais abrité dans les galeries de la Grande Ecurie.

En revenant sur ses pas, le visiteur passe devant la figure étendue de l'*Ariane endormie*, copie par Van Clève du célèbre antique conservé au musée du Vatican. Il arrive devant *la Fontaine du Point du jour*, ornée de *Combats d'animaux* par Jacques Houzeau, et encadrée de statues provenant de la «grande commande» : *l'Eau*, par Pierre Legros (fig. 225), et *le Printemps*, par Laurent Magnier ; en retour, *le Point du jour*, par les frères Marsy.

Arrivé au sommet du degré de Latone, le visiteur a devant lui la grande perspective autour de laquelle s'ordonne tout le décor symbolique des jardins, inspiré par le mythe d'Apollon : au pied des marches, *Latone et ses enfants Apollon et Diane*, symbolisant le jour et la nuit ; à l'extrémité de la perspective, *le Char d'Apollon* jaillissant des ondes pour entreprendre sa course à travers le firmanent ; à droite, dans un bosquet, *Apollon chez Thétys*.

227

225
Pierre Legros
l'Eau, 1681

226
Martin Desjardins
*Diane ou l'Heure du
soir*, 1680

227
Etienne le Hongre
l'Air, 1680

Le visiteur se retourne pour contempler, dans tout son développement, l'immense façade du château qui, avec les deux retours du corps central, s'allonge sur 570 mètres. Les statues placées sur les avant-corps se rattachent presque toutes au mythe solaire. Sur le corps central, *Apollon* et *Diane*, encadrés par les figures des *Douze Mois*; dans les niches, *la Nature* et *l'Art*. En retour du côté du midi, les statues symbolisent *la Comédie, la Musique*, et *la Danse*, ainsi que les *Fleurs* et les *Fruits*; celles de l'aile du Midi évoquent les *Muses*, les *Arts* et les *Sciences*. En retour du corps central, vers le nord, certaines statues symbolisent les *Plaisirs de la table*, d'autres des *Divinités aquatiques*; celles de l'aile du Nord représentent les *Poèmes*, les *Muses*, les *Sciences*, les *Arts* et les *Saisons*.

Le visiteur passe ensuite devant la *Fontaine du Soir*, ornée de *Combats d'animaux* par Corneille Van Clève, et encadrée par les statues de *Diane ou l'Heure du soir* (fig. 226), réplique par Martin Desjardins d'un antique célèbre, et de *Vénus ou l'Heure de midi*, par Gaspard Marsy (moulage). En retour vers le degré de Latone, *l'Air*, par Etienne Le Hongre (fig. 227), qui est peut-être la plus belle des statues de la « grande commande ».

228

228
Drouilly
le Poème héroïque,
1680

229
François Girardon
la Fontaine de
la Pyramide, 1679

230
François Girardon
le Bain des nymphes
de Diane, 1679

Le parterre du Nord[4]

Partant de la *Fontaine du Soir*, le visiteur passe devant cinq statues de la «grande commande»: l'*Europe*, par Pierre Mazeline, l'*Afrique* par Sybraique et Cornu, *la Nuit* par Raon, *la Terre* par Massou, et le *Poème pastoral* par Pierre Garnier. Le rond-point suivant est orné de termes exécutés d'après des dessins de Mignard et représentant *Ulysse* par Magnier, *Isocrate* par Granier, *Théophraste* par Simon Hurtrelle, *Lysias* par Dedieu, et *Apollonius* par Mélo. On trouve ensuite une nouvelle série de statues de la «grande commande»: l'*Automne* par Thomas Regnaudin, l'*Amérique* par Gilles Guérin, *Cérès ou l'Eté* par Hutinot, l'*Hiver*, l'un des grands chefs-d'œuvre de Girardon; au-delà de la *Fontaine de la Pyramide*, le *Poème satyrique* par Buyster, l'*Asie* par Roger, le *Flegmatique* par Lespagnandelle et le *Poème héroïque* par Drouilly, qui a donné à son visage les traits de Louis XIV (fig. 228).

Le visiteur revient sur ses pas jusqu'à la *Fontaine de la Pyramide*[5], œuvre élégante de Girardon (fig. 229). Ce dernier est également l'auteur du beau bas-relief du *Bain des Nymphes de Diane*[6] (fig. 230) qui forme l'élément principal du décor du bassin suivant. *Le Colérique*, par Houzeau, et le *Sanguin*, par

229

230

Jouvenet, encadrent l'entrée de l'allée d'Eau[7] qui conduit au bassin de Neptune.

Cette allée et l'amphithéâtre auquel elle aboutit sont bordés de vingt-deux fontaines, composées d'une vasque de marbre soutenue par un groupe de trois enfants en bronze : ces groupes, qui vont par paire, sont dus à Legros, Le Hongre, Lerambert, Mazeline et Buirette.

Le bassin de Neptune[8] n'a reçu son décor sculpté que sous le règne de Louis XV ; au centre, *Neptune et Amphitrite*, par Sigisberg Adam ; à droite, *l'Océan*, par Le Moyne ; à gauche, *Protée* par Bouchardon, qui est également l'auteur des deux dragons. A l'extrémité de la perspective, est placé le beau groupe baroque de *la Renommée du Roi*, par Domenico Guidi.

Du bassin de Neptune, le visiteur peut gagner directement Trianon ; mais, s'il veut poursuivre le circuit des parterres et, éventuellement, celui des bosquets, il doit remonter l'allée d'Eau jusqu'au parterre d'Eau. Il passe à nouveau entre le *Bosquet des Trois Fontaines* à droite[9] et celui de *l'Arc de Triomphe* à gauche[10], où seul subsiste le groupe de *la France Triomphante*, par Coysevox et Tuby. Contournant le *Bain des Nymphes de Diane* et la *Fontaine de la Pyramide*, il passe entre les *bassins des Sirènes*, pour atteindre le degré qui mène au parterre d'Eau. Ce degré est encadré par deux bronzes : *la Vénus pudique* par Coysevox, et *le Rémouleur* d'après l'antique. La tablette de marbre est ornée de quatorze vases de bronze d'après Ballin.

Le parterre de Latone[11]

Venant du parterre d'Eau, on y accède soit par des emmarchements ornés de vases de marbre, soit par deux rampes bordées de statues. Celles-ci sont, pour la plupart, des copies d'antiques, parmi lesquelles on remarque particulièrement : sur la rampe de gauche, la *Vénus callipyge*, l'*Apollon du Belvedere* et le *Galate mourant* du Capitole ; sur la rampe de droite, l'*Antinoüs du Belvedere*, le *Bacchus Medicis*, l'*Hercule Commode* et la belle *Nymphe à la coquille*. A ces antiques, se mêlent quelques œuvres originales : à gauche, le *Poème lyrique* par Jean-Baptiste Tuby, et *le Feu* par Drossier ; à droite, *le Mélancolique* par La Perdrix.

Le bassin de Latone (fig. 231) représente la mère d'Apollon et de Diane protégeant ses jeunes enfants contre les injures des paysans lyciens et implorant Jupiter de la venger : le dieu transforme ses persécuteurs en crapauds et en lézards. Toutes ces sculptures sont l'œuvre des frères Marsy, qui ont puisé leur inspiration dans les *Métamorphoses* d'Ovide. On peut y voir une allusion aux troubles de la Fronde et à la régence d'Anne d'Autriche, mère de Louis XIV.

Le parterre est bordé d'une série de termes de marbre : de gauche à droite, *Circé* par Magnier, *Platon* par Rayol, *Mercure* par Van Clève, *Pandore* par Legros, le *Fleuve Aché-*

231

232

231
Gaspard et Balthazar
Marsy
le Bassin de Latone,
1670-1689

232
Antoine Coysevox
Castor et Pollux

loüs par Mazière, *Hercule* par Leconte, une *Bacchante* par
Dedieu, un *Faune* par Houzeau, *Diogène* par Lespagnadelle et
Cérès par Poultier.

L'allée Royale ou Tapis vert[12]

Cette allée monumentale conduit au bassin du Char
d'Apollon et se prolonge par la perspective du Grand Canal.

A l'entrée, là où Louis XIV avait placé des œuvres de Pierre
Puget aujourd'hui au Louvre, on voit quatre groupes qui sont
des copies d'antiques : à gauche, *Castor et Pollux* (fig. 232),
Arria et Poetus, tous deux par Coysevox ; à droite, *Laocoon et
ses fils* par Tuby, *Papirius et sa mère* par Carlier. Dans les

233

bosquets de la Girandole et du Dauphin de part et d'autre de
l'allée Royale, sont placés seize termes de marbre, dont quatorze d'après des dessins de Nicolas Poussin.

L'allée Royale est bordée, de chaque côté, par six vases
monumentaux et par six statues. Parmi ces dernières, il faut
remarquer: à gauche, la *Fidélité* par Lefèvre, la *Vénus de
Richelieu* par Legros, une *Amazone* par Buirette et *Achille à
Scyros* par Vigier; à droite, la *Fourberie* par Leconte, la *Vénus
Medicis* par Fremeri, *Cyparisse* par Flamen, et *Artémise* par
Lefèvre et Desjardins.

L'allée Royale débouche sur une demi-lune qui entoure le
bassin d'Apollon[13], le groupe d'*Apollon sur son char* (fig. 233)
a été exécuté par Tuby d'après un dessin de Le Brun. De
chaque côté de la demi-lune, sont placés un groupe, quatre
termes et une statue: à gauche, *Ino et Mélicerte* par Garbier,
Pan par Mazière, le *Printemps* par Arcis et Mazière, *Bacchus
par* Raon, *Pomone* par Le Hongre et *Bacchus* (antique); à
droite, *Aristée liant Prothée* par Sébastien Slodtz, *Syrinx* par
Mazière, *Jupiter* par Clérion, *Junon* par Clérion, *Vertumne*
par Le Hongre, et *Silène portant Bacchus enfant* (antique).

Deux allées, bordées chacune de six statues, conduisent à
la grille séparant les jardins du Petit Parc. Celle de droite qui
longe les anciens bâtiments de la Petite Venise permet de
gagner Trianon.

Les bosquets

Les bosquets n'étant ouverts qu'à l'occasion du jeu des Grandes Eaux, l'itinéraire proposé permet de suivre le déroulement de ce magnifique spectacle ; il pourra alors être combiné avec la visite des parterres et de l'allée Royale.

En venant du parterre d'Eau et du parterre de Latone, le visiteur oblique sur la gauche pour parcourir les bosquets du Midi. Arrivé au bassin d'Apollon, il remonte vers le château en traversant les bosquets du Nord.

La salle de Bal[14]

Dans ce bosquet, décoré de rocailles et de coquillages (fig. 234), Louis XIV donnait parfois des bals, et les danseurs évoluaient sur une plate-forme centrale en marbre, aujourd'hui disparue. Les huit vases et les huit torchères en plomb doré, œuvres de Houzeau, Leconte et Massou, accentuent ce caractère de salon en plein air en évoquant le mobilier d'argent de la galerie des Glaces.

Le bosquet de la Reine[15] a remplacé en 1775 le Labyrinthe dont les trente-neuf fontaines étaient ornées de groupes en plomb polychromes représentant les *Fables d'Esope*. D'importants fragments de cette décoration sont conservés aujourd'hui dans la Grande Ecurie.

234

233
Jean-Baptiste Tuby
le Char d'Apollon,
1671

234
La Salle de Bal

235
La Colonnade

235

Le visiteur passe devant le bassin de Bacchus ou de l'Automne[16], œuvre de Marsy, et oblique vers la gauche pour gagner le bassin du Miroir[17], qui est orné de deux vases et de quatre statues antiques : une *Vestale, Apollon, Vénus* et une *Vestale*.

De là, il pénètre dans le jardin du Roi[18], aménagé sous Louis XVIII à l'emplacement du bassin de l'Île royale, et au fond duquel se trouvent des copies de deux antiques célèbres : la *Flore Farnese* par Raon, et l'*Hercule Farnese* par Cornu.

Revenant vers le bassin de Saturne ou de l'Hiver[19], œuvre de Girardon, il gagne la salle des Marronniers[20], où sont placées deux statues antiques : *Antinoüs* et *Méléagre*, encadrées par huit bustes.

La Colonnade[21]

Ce bosquet a été aménagé en 1684 sous la direction de Jules Hardouin-Mansart (fig. 235). La sculpture des écoinçons des arcades, représentant de jeunes satyres, faunes, nymphes, naïades et bacchantes, a été confiée aux meilleurs sculpteurs : Coysevox, Regnaudin, Mazière, Van Clève, Leconte, Le Hongre, Lespingola, Degoullons, Granier, Flamen, Cornu et Magnière.

Au centre, Louis XIV avait fait placer l'*Enlèvement de Proserpine par Pluton*, symbolisant *le Feu*. Ce chef-d'œuvre de

Girardon est abrité aujourd'hui dans les galeries de la Grande Ecurie et remplacé ici par un moulage.

Arrivé au bas de l'allée Royale, le visiteur contourne le bassin d'Apollon, et oblique vers la droite pour gagner le bosquet d'Encelade[22] : la figure du géant qui tenta d'escalader l'Olympe est due à Marsy. De là, il se rend au bassin de l'Obélisque[23], puis au bassin de Flore ou du Printemps[24], œuvre de Tuby.

Le bosquet des Dômes[25]

Il doit son nom à deux pavillons de marbre qui ont disparu mais dont l'emplacement est marqué sur le sol ; des éléments décoratifs ayant fait partie du décor de ces pavillons sont exposés à la Grande Ecurie. La vasque centrale et les bas-reliefs de la balustrade sont l'œuvre de Girardon et son atelier.

Les huit statues représentent, de gauche à droite : *Arion* par Raon, une *Nymphe* par Flamen, *Leucothoé* par Rayol, *le Point du jour* par Legros, *Acis* par Tuby, *l'Aurore* par Magnier, *Galatée* par Tuby, et *Amphitrite*, qui est une copie moderne de la statue originale de Michel Anguier, conservée au musée du Louvre.

Le visiteur revient vers le bassin de Flore et fait le tour du bosquet de l'Etoile[26], qui est orné des statues d'*Apollon* par Coustou, de *Mercure* et d'une *Bacchante*. Le charmant bassin des Enfants[27] a été créé en 1710 par Hardy qui y a rassemblé des plombs provenant du comble du Trianon de porcelaine.

Le bosquet du Rond vert[28] a remplacé le théâtre d'Eau, qui était sans doute l'un des bosquets les plus enchanteurs de Versailles ; il abrite des statues qui sont, pour la plupart, des antiques : *Hadrien*, la *Santé*, un *Faune dansant*, *Pomone*, *Cérès* et *Ganymède*. Le visiteur se dirige vers le bassin de *Cérès et l'Eté*[29], œuvre de Regnaudin, pour gagner les bains d'Apollon.

Les bains d'Apollon[30]

Le caractère romantique de ce bosquet contraste singulièrement avec celui de tous les autres. Il a été aménagé à partir de 1776 d'après un projet d'Hubert Robert pour abriter les trois groupes de marbre provenant de la grotte de Thétys, construite en 1665 à l'emplacement du vestibule actuel de la chapelle (fig. 236) ; cette grotte, dont l'intérieur était entièrement décoré de coquillages, rocailles, cristaux, coraux et nacre (fig. 237), a été démolie lors de la construction de l'aile du Nord.

Les statues d'*Acis* et de *Galatée*, qui sont placées aujourd'hui au bosquet des Dômes, ornaient le vestibule de la grotte. Les trois groupes illustrent le moment où le soleil, ayant terminé sa course glorieuse dans le firmament, descend dans la grotte marine de Thétys ; peut-être était-ce, à l'origine, une

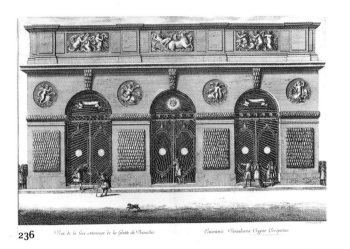

236   *Vue de la face extérieure de la Grotte de Versailles.*   *Exterioris Versailiana Cryptæ Prospectus.*

Vue du fond de la Grotte de Versailles, où l'on voit quelques de marbre blanc, qui représentent le Soleil au milieu des Nymphes de Thétis se chevaux pensus, par des Tritons.   *Prospectus Cryptæ interioris Versailianæ, ubi sol inter Nymphas Thetidis, a quo equi cum Tritonibus, statuis marmoreis exhibentur.*

237

allusion à Louis XIV venant se reposer à Versailles des fatigues du pouvoir. Les *Chevaux du soleil* soignés par des tritons sont dus, ceux de droite à Guérin, ceux de gauche à Marsy. Le groupe principal, qui représente *Apollon servi par les nymphes de Thétys* (fig. 238), est l'œuvre de Girardon et de Regnaudin; c'est un des plus grands chefs-d'œuvre de la sculpture française du XVIIe siècle, qui prétend rivaliser ici avec les groupes les plus célèbres de l'Antiquité.

En sortant des bains d'Apollon, le visiteur se dirige vers la *Fontaine de la Pyramide* et descend l'allée d'Eau; il contourne les bassins du Dragon et de Neptune pour venir se placer devant la *Renommée du Roi*: c'est le meilleur emplacement pour assister à l'apothéose finale du jeu des Grandes Eaux.

238

236
Jean Le Paultre
la Grotte de Thétys
(extérieur), 1665

237
Jean Le Paultre
la Grotte de Thétys
(intérieur), 1665

238
Girardon et Thomas
Renaudin
« *Apollon servi par les
nymphes de Thétys* »,
1672

Trianon

Veue et perspectiue de l'Entrée du Trianon de Versailles
fait par Aadine et se vend a Paris rue de l'orfloerie proche la Magdelaine au Roy de France Avec Privilege du Roy

239

240

Veue et Perspectiue de Trianon du côté du Jardin

239
Adam Pérelle
le Trianon de
Porcelaine, du côté
de la cour, 1670

240
Adam Pérelle
le Trianon de
Porcelaine, du côté
du jardin, 1670

Historique

Le nom de Trianon est celui d'un petit village dont l'origine remonte au Moyen Age. En 1660, Louis XIV rachète les terres qui l'entourent et les englobe dans son domaine de Versailles; en 1663, il démolit les maisons et reloge les habitants dans les environs: en 1667, l'église Notre-Dame disparaît à son tour. En 1670, Louis Le Vau est chargé d'édifier à cet emplacement une «maison à aller faire des collations», comme le dit Saint-Simon. C'est, en effet, le moment où sont entrepris les agrandissements de Versailles et le Roi souhaite peut-être perpétuer le caractère d'intimité du château de sa jeunesse.

La construction est achevée en peu de temps: selon Félibien «ce palais fut regardé comme un enchantement, car n'ayant été commencé qu'à la fin de l'hiver, il se trouva fait au printemps comme s'il fût sorti de terre avec les fleurs des jardins qui l'accompagnent». Ce sont les fleurs, en effet qui constituent le luxe principal de Trianon: on y voit des berceaux de jasmin, des orangers plantés en pleine terre et des parterres dont on renouvelle chaque jour les combinaisons de couleurs et de parfums.

Les bâtiments comportent un pavillon principal pour le Roi et la Reine, et quatre pavillons secondaires destinés à la préparation des potages, entrées, rôtis, entremets, confitures, etc. Les murs sont revêtus de faïence blanche et bleue et cette délicate harmonie de couleurs se retrouve dans le décor intérieur et le mobilier, d'où le nom de «Trianon de porcelaine» que l'on donne à cette charmante création (fig. 239 et 240).

Mais ce décor qui prétend évoquer quelque pagode chinoise est fragile et il faut remplacer chaque année les carreaux que le gel a fait éclater. Par ailleurs, le goût du Roi évolue et s'éloigne des fantaisies de sa jeunesse. Aussi, la «maison de porcelaine» est-elle remplacée en 1687 par le «petit palais de marbre et de porphyre avec des jardins délicieux» que décrit Saint-Simon et qu'on admire encore aujourd'hui.

Louis XIV vient à Trianon pour de courts séjours qui le reposent des fatigues du pouvoir et des servitudes de l'étiquette. Il n'y est accompagné que par la famille royale et le service le plus indispensable; les princes du sang, lorsqu'ils veulent y souper, doivent en demander la permission.

Louis XV, dans les premiers temps de son règne, semble se désintéresser de Trianon: il le donne à la Reine, qui y loge parfois son père, le roi Stanislas. Mais, à partir de 1750, le Roi donne une nouvelle vie au domaine : il se fait aménager un nouvel appartement et, passionné de botanique, il crée un jardin expérimental où le jardinier Claude Richard poursuit des essais d'acclimatation de plantes exotiques, et où Bernard de Jussieu applique pour la première fois sa nouvelle classification des végétaux.

Pour pouvoir travailler au milieu de ses fleurs et de ses serres chaudes, Louis XV fait construire par Ange-Jacques Gabriel le pavillon du Jardin français que complètent une petite salle à manger, dite «salon frais» et la Nouvelle Ménagerie, où sont sélectionnées différentes espèces d'animaux domestiques. En 1763, le Roi demande à Gabriel d'édifier un nouveau pavillon qui soit assez vaste pour lui permettre d'y séjourner et que l'on connaît aujourd'hui sous le nom de Petit Trianon.

Louis XVI donne le domaine à Marie-Antoinette, qui remplace le jardin botanique par un jardin paysager, parsemé de «fabriques» et complété en 1783 par les maisonnettes du Hameau. La Reine n'admet à Trianon que la famille royale et quelques amis personnels ; bannissant tout protocole, elle y introduit les usages de la «vie de château». Cependant, il lui arrive exceptionnellement d'y donner des fêtes brillantes, en l'honneur de son frère Joseph II et du roi de Suède Gustave III.

La Révolution dépouille le Grand et le Petit Trianon de leur mobilier. Napoléon les remeuble et y vient parfois avec l'impératrice Marie-Louise. Si Louis XVIII et Charles X n'y paraissent guère, Louis-Philippe y séjourne volontiers avec la famille royale. L'impératrice Eugénie consacre le Petit Trianon au souvenir de Marie-Antoinette en y rassemblant des meubles dont certains ont pu appartenir à la Reine.

De nos jours, le Grand Trianon a été aménagé pour pouvoir accueillir les chefs d'Etat étrangers en visite officielle.

Le palais de Trianon ou grand Trianon

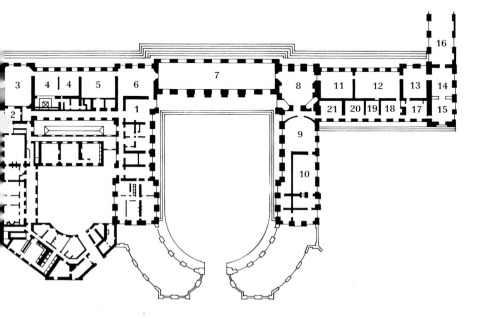

Le plan de ce petit palais est celui d'un «hôtel à la fran
çaise», entre cour et jardin, mais son architecture évoque
plutôt une construction à l'italienne : un simple rez-de-chaussée couvert d'un toit plat que dissimule une balustrade ; celle-
ci était autrefois rythmée par des figures allongées, des
groupes d'enfants et des vases, aujourd'hui malheureusement
disparus. Les façades de pierre blonde, finement sculptées de
chutes de fleurs, sont scandées par des pilastres de marbre
de Languedoc (fig. 241).

La cour est fermée, du côté de l'entrée, par un «saut-de-
loup» et une grille très basse qui ne gêne pas la vue. L'aile
latérale de gauche dissimule la cour des Offices et celle de
droite le Jardin du Roi. Le corps de logis principal, baptisé
improprement «péristyle» par Louis XIV lui-même, est en
réalité une «loggia», ouverte sur le jardin par une colonnade ;
ce péristyle assure la liaison entre deux groupes de bâtiments,
l'un au midi et l'autre, beaucoup plus important, au nord.

241

La façade sur le jardin surprend par l'ampleur de son développement et par son caractère asymétrique (fig. 242). Du côté du nord, en effet, se détache une aile perpendiculaire qui renferme une galerie : cette disposition inhabituelle s'explique par le souci de protéger du froid les fleurs du parterre haut. Cette aile se prolonge, en retour d'équerre par un second bâtiment qui s'enfonce sous les arbres et porte, de ce fait, le nom de Trianon-sous-Bois.

Le mobilier originel de Trianon ayant été dispersé à la Révolution, l'aménagement actuel est, à quelques exceptions près, celui du Premier Empire. En revanche, les tableaux sont, pour la plupart, ceux-là même que Louis XIV avait commandés pour la décoration du palais.

Les bâtiments du Midi

Revenant du péristyle en longeant l'aile sud de la cour, le visiteur pénètre à droite dans un petit vestibule. Dans le pavillon situé à gauche de ce vestibule, se trouve l'ancien appartement de Madame Adélaïde, la sœur de Louis-Philippe.

Outre les anciens Offices du Roi, transformés aujourd'hui en logements pour la suite des chefs d'Etat étrangers, les

242

bâtiments du Midi abritent un appartement qui fut occupé successivement par Louis XIV de 1691 à 1703, son fils le Dauphin («Monseigneur») de 1703 à 1711, la reine Marie Leszczinska en 1740, et, au XIXᵉ siècle, par Madame Mère en 1805, l'impératrice Marie-Louise de 1810 à 1814, et la reine Marie-Amélie de 1830 à 1848.

Après avoir traversé la salle de vente des billets, le visiteur pénètre dans un salon qui a été aménagé à l'emplacement de quelques pièces de service[1]. On y remarque une *Vue du parterre du Nord dans les jardins de Versailles*, peinte par Etienne Allégrain pour le salon des Jardins. Les sièges proviennent du château de Saint-Cloud.

La porte du fond à droite ouvre sur la première antichambre de l'ancien appartement du Roi, à laquelle on accédait normalement par le péristyle. Mais, pour des raisons de commodité, la visite se fait en sens inverse de l'ordre normal de succession des pièces : le visiteur emprunte donc un couloir qui le conduit à la dernière pièce de l'appartement : le boudoir.

241
Pierre-Denis Martin
le Palais de Trianon,
1722

242
Le Palais de Trianon :
la façade sur les
jardins

Le boudoir[2]

A l'origine, la porte à deux battants n'existait pas et le boudoir communiquait uniquement, par la porte de droite, avec le salon des Glaces voisin. La porte à gauche de la cheminée fut ouverte par Louis-Philippe pour relier le boudoir à l'appartement que le Roi s'était fait aménager à l'emplacement des anciennes cuisines de Louis XIV.

243

Le beau bureau «en arc de triomphe» a été exécuté en 1796 par les frères Jacob pour l'hôtel parisien de madame Bonaparte, la future impératrice Joséphine, et apporté à Trianon en 1809. Les sièges, recouverts d'un «gourgouran» abricot proviennent du boudoir de l'impératrice Marie-Louise au Petit Trianon.

Le salon des Glaces[3]

Cette belle salle, d'où l'on a une vue admirable sur le Grand Canal, est l'ancien grand cabinet de Louis XIV, où le Roi réunissait les membres du Conseil; c'est de cette époque que date le décor de miroirs enchâssés dans des boiseries sculptées de guirlandes de fleurs (fig. 243).

L'impératrice Marie-Louise en fit son salon d'études : c'est alors que furent livrés le piano-forte, le chevalet, la table à dessiner, la travailleuse, la table vide-poches et la table «boîte aux lettres».

Sur les consoles, sont placés deux petits temples en pierres dures qui ont fait partie d'un surtout de table offert à Napoléon par le roi d'Espagne Charles IV.

Le beau lustre fleurdelisé date de 1817. Les torchères en bronze doré sont des copies modernes des deux torchères exécutées par Thomire pour le grand cabinet de l'empereur au palais des Tuileries.

244

243
Le salon des Glaces

244
La chambre du Roi

245
Charles Le Brun
*Saint Jean
l'Evangéliste*, 1690

245

La chambre[4]

Le décor de colonnes et de boiseries finement sculptées aux emblèmes d'Apollon date de 1700 et fait de cette pièce l'une des plus belles du palais (fig. 244). Sous l'Empire, elle avait été divisée pour former une chambre plus petite et un salon ; de nos jours, elle a été rétablie dans ses dimensions primitives.

Le tableau représentant *Saint Jean l'Evangéliste* est une œuvre de Charles Le Brun (fig. 245). Les peintures de fleurs des dessus-de-porte, par Monnoyer et Blain de Fontenay, ont remplacé les tableaux de Claude le Lorrain qui s'y trouvaient au temps de Louis XIV.

La balustrade du lit, les coffres à linge et les sièges ont été exécutés pour l'impératrice Marie-Louise, de même que la coiffeuse, la cuvette et le pot à eau, le service à déjeuner en porcelaine de Sèvres, la pendule et les vases qui l'encadrent. Les autres meubles ont été apportés pour la reine Marie-Amélie, en particulier la commode et le lit : ce dernier, exécuté pour la chambre de Napoléon au palais des Tuileries, a également servi à Louis XVIII, qui y est mort ; il a été élargi et son dossier transformé lors de son transfert à Trianon.

Le vase en porcelaine de Sèvres, placé sur la commode, montre Napoléon dans les jardins du château de Sans-Souci à Potsdam.

Le salon de la chapelle[5]

Dès l'origine, cette salle fut une chapelle. Transformée en antichambre en 1691, lors de l'installation de Louis XIV dans cette partie du palais, elle conserva cependant sa destination primitive : en effet, la porte du fond ouvre sur un renfoncement qui abritait un autel ; la messe dite, la porte était refermée (fig. 246). Mais le décor rappelle encore aujourd'hui cet usage : corniche où alternent les grappes de raisin et les épis de blé évoquant le vin et le pain eucharistiques, et tableaux représentant *les Evangélistes saint Marc et saint Luc*.

Les portraits de *Louis XV* et de *Marie Leszczinska*, par Jean-Baptiste Van Loo, rappellent les séjours de la Reine à Trianon.

246

246
Le salon de la chapelle

247
Le Péristyle

247

Sous l'Empire, cette salle devint le premier salon de l'impératrice : c'est alors que fut apportée la table à thé, exécutée par Martin, dont le plateau tournant s'orne d'une marqueterie représentant les signes du Zodiaque.

L'antichambre[6]

C'est l'ancien salon des Seigneurs qui devint ensuite la première antichambre du Roi, puis de l'Impératrice.

La grande table a été réalisée par Félix Rémond en 1823 ; son plateau en bois de teck, de 2,77 m de diamètre, est supporté par un socle en orme. Les deux consoles proviennent du château de Saint-Cloud et les sièges du château de Meudon.

La cheminée est ornée d'un tableau qui a été peint par Delutel pour le château de Saint-Cloud et qui est une copie réduite de la peinture de Mignard représentant *Monseigneur et sa famille*. Les tableaux figurant *la Naissance d'Adonis* et *Vénus, l'Amour et Adonis*, ont été peints par François Verdier en 1688 pour Trianon-sous-Bois.

Le péristyle[7]

A l'origine, cette «loggia» largement ouverte sur le jardin était fermée, du côté de la cour, par un mur percé de portes-fenêtres. Quelques années plus tard, ces portes-fenêtres furent supprimées pour accentuer la transparence du bâtiment ; mais la disposition primitive est encore visible sur la façade de la

cour, dans les ébrasements où l'on peut reconnaître la feuillure où étaient fixées les menuiseries (fig. 247).

En 1810, Napoléon fit vitrer le péristyle des deux côtés pour faciliter la communication entre son appartement et celui de l'Impératrice. C'est dans le vestibule ainsi formé que le maréchal Bazaine fut jugé, d'octobre à décembre 1873, par un tribunal militaire présidé par le duc d'Aumale. Les vitrages furent supprimés en 1910.

248
Le Salon Rond

Les bâtiments du Nord

Plus importants que ceux du Midi, ils abritent plusieurs appartements et une galerie qui les relie à l'aile de Trianon-sous-Bois.

Le Salon rond[8]

Ce vestibule donnait accès à l'appartement que Louis XIV occupa de 1688 à 1691, date à laquelle il le quitta pour s'installer dans celui que l'on vient de visiter. Sous l'Empire, cette suite de pièces formait le Grand Appartement ou appartement d'honneur de l'Empereur.

Le décor de colonnes corinthiennes date de Louis XIV, ainsi que les tableaux de Verdier représentant *Junon et Thétys* et *l'Enlèvement d'Orythie par Borée*, et les dessus-de-porte où François Desportes a figuré *des Fleurs et des Fruits d'Amérique* (fig. 248).

Les deux tambours du fond datent de 1750; celui de gauche abrite un petit escalier qui monte à l'entresol, et celui de droite contenait autrefois un autel qui permettait de transformer le Salon rond en chapelle.

La porte qu'ils encadrent ouvrait primitivement sur un théâtre où fut créé, le 17 septembre 1697, l'opéra *Issé* de Destouches. En 1703, ce théâtre disparut pour faire place au troisième et dernier appartement de Louis XIV, composé de quatre pièces principales : antichambre, chambre, cabinet particulier et grand cabinet.

En 1750, Louis XV transforma cet appartement en pièces de réception. L'antichambre devint le salon des Jeux[9] : on lui donna la forme cintrée que l'on voit aujourd'hui, et on y plaça de nouvelles boiseries, ainsi que la magnifique cheminée de brèche violette toujours en place. La chambre et le cabinet particulier furent réunis pour former une salle à manger[10], et le grand cabinet devint la salle des Buffets, où furent placés deux rafraîchissoirs de marbre aujourd'hui dans la galerie.

Napoléon fit du salon des Jeux de Louis XV un salon de famille pour lequel fut livré le mobilier que l'on y voit encore. Louis-Philippe transforma à nouveau ces salles de réception en un appartement destiné à son gendre et à sa fille, le roi et la reine des Belges.

Le salon de Musique[11]

C'est l'ancienne antichambre du premier appartement de Louis XIV, où avait lieu le souper du Roi. Les boiseries comptent parmi les plus anciennes du palais, et l'on remarque, au-dessus des portes, les volets des tribunes où prenaient place les musiciens qui jouaient pendant le repas.

Napoléon fit de cette pièce le salon des Officiers, et Louis-Philippe une salle de Billard. Les chaises recouvertes de tapisserie de Beauvais ont été exécutées pour cette pièce; le beau guéridon et la fontaine à thé ne sont entrées à Trianon que sous le Second Empire.

Les tableaux représentant *Mars* et *Pallas* proviennent de l'antichambre des Jeux et de la chambre du Sommeil.

249

250

249
Le Grand Salon

250
Le salon des
Malachites

Le Grand Salon[12]

A l'origine, il y eut ici deux pièces : l'antichambre des Jeux et la chambre du Sommeil, devenues sous l'Empire le salon des Grands Officiers et le salon des Princes. Louis-Philippe les réunit en une seule pour former le Grand Salon où, le soir, se réunissait la famille royale (fig. 249).

Sur la cheminée, est placé un tableau de Bon de Boulogne représentant *Vénus et Mercure*, en dessus-de-porte, *La Nature et les Eléments*, par Bon de Boulogne, *Vénus et Adonis ; Vénus, l'Hymen et l'Amour*, et *Jupiter transformé en taureau*, par Louis de Boulogne. Toutes ces peintures, à l'exception de la dernière, proviennent de l'antichambre des Jeux. De part et d'autre de la cheminée, deux tableaux de Verdier, provenant de Trianon-sous-Bois : *Vénus retenant Adonis*, et *Argus et Io transformée en vache*.

Le riche mobilier de Brion est recouvert d'un canetillé jaune broché de bleu à motifs de fleurs de lys ; il se complète de deux canapés et de deux guéridons en laque. Les deux «tables de famille» autour desquelles s'asseyaient la Reine et les princesses sont pourvues de tiroirs numérotés où chaque princesse pouvait ranger son ouvrage et dont elle conservait la clé.

Le salon des Malachites[13]

C'est l'ancien cabinet du Couchant de Louis XIV (fig. 250), qui fut plus tard aménagé en chambre à coucher pour la duchesse de Bourgogne : c'est pour cette princesse que furent placés les miroirs surmontés d'un couronnement sculpté et doré. Du décor primitif, subsistent la corniche et deux beaux tableaux de Charles de La Fosse : sur la cheminée, *Apollon chez Thétys* et, en dessus-de-porte, *Clytie changée en tournesol*.

Sous Napoléon, la pièce devint le salon de l'Empereur et reçut un riche mobilier de Jacob-Desmalter, comprenant les sièges en bois doré recouverts de damas cramoisi avec une bordure de brocart d'or, et surtout un ensemble de meubles dont les malachites offertes par le tsar Alexandre Ier font le principal ornement : deux «bas de bibliothèque» en ébène, une vasque et deux candélabres, le tout enrichi de bronzes dorés.

Le Salon frais[14]

Il doit son nom à son exposition au nord. Il servit de cabinet du Conseil à Napoléon, et Charles X y prit congé de ses ministres, le 31 juillet 1830.

Les magnifiques boiseries, sculptées de cassolettes et de guirlandes de fleurs, datent de Louis XIV ainsi que les tableaux : sur la cheminée, *Flore et Zéphyr* par Jean Jouvenet qui a peint également les dessus-de-porte représentant *le Printemps* et *l'Hiver*; entre les fenêtres, *Vertumne et Pomone* par Nicolas Bertin; et, sur les murs latéraux, quatre *Vues de Versailles* par Jean-Baptiste Martin (fig. 251).

Le mobilier date du Premier Empire: meubles «serre-papiers», par Jacob-Desmalter, régulateur par Lepaute, baromètre-thermomètre par Bailly et sièges recouverts en tapisserie de Beauvais.

Le salon des Sources[15]

Cette salle doit son nom au jardin des Sources sur lequel, à l'origine, ouvraient ses fenêtres: c'était un petit bois où jaillissaient plusieurs sources donnant naissance à des ruisseaux qui serpentaient à travers les arbres. Cette charmante création de Le Nôtre disparut sous Louis XVI.

251

252

C'était l'antichambre de l'appartement de madame de Maintenon, et ses boiseries datent de 1713. Le tableau de la cheminée représente *Cyane, compagne de Proserpine, changée en fontaine*; il est l'œuvre de René-Antoine Houasse, qui a peint également *Alphée et Aréthuse* et *Narcisse*. Les *Vues des jardins de Versailles* sont dues à Pierre-Denis Martin et celles des jardins de Trianon à Charles Chastelain (fig. 252).

Napoléon fit de cette pièce son cabinet topographique, pour lequel fut livré le grand bureau. La console en acajou incrusté d'ébène et d'étain provient du palais de l'Elysée.

La porte à gauche de la cheminée donne accès à l'ancien appartement de madame de Maintenon, devenu plus tard le Petit Appartement de l'Empereur.

La galerie[16]

Cette galerie, qui protégeait les fleurs du parterre haut des rigueurs du froid, s'éclaire par onze fenêtres vers le midi et cinq seulement vers le nord. Le décor sculpté, en particulier les groupes d'enfants surmontant les miroirs, est l'œuvre de Lespingola, Gautier et Legay. Les tableaux représentent des *Vues des jardins de Versailles et de Trianon*, tels qu'ils étaient au temps de Louis XIV : ce sont là des documents précieux, car les bosquets qu'ils évoquent ont, pour la plupart, disparu

251
Le Salon frais

252
Le salon des Sources

253

253
La galerie

ou ont été transformés. Vingt et une de ces peintures sont l'œuvre de Jean Cotelle, deux sont d'Allégrain et une de Jean-Baptiste Martin (fig. 253).

A l'origine, les niches abritaient des canapés ; Louis-Philippe y a placé des rafraîchissoirs en marbre de Languedoc et plomb doré, qui proviennent de la salle des Buffets de Louis XV.

Les lustres, les consoles, les banquettes et les tabourets datent du Premier Empire.

Dans cette galerie fut signé, le 4 juin 1920, le traité de paix avec la Hongrie.

Le salon des Jardins

Il ouvre par six fenêtres sur le petit quinconce et sur la perspective du Grand Canal. Les tableaux, par Louis-Philippe Crépin, représentent *le Torrent, la Chasse* et *la Pêche*.

Sous Louis XIV, on voyait ici un jeu de portique, et sous Napoléon un billard. Le mobilier actuel provient du palais de l'Elysée, à l'exception des deux guéridons exécutés pour l'impératrice Marie-Louise au Hameau du Petit Trianon.

La porte à gauche de la cheminée donne accès à l'aile de Trianon-sous-Bois.

Trianon-sous-Bois

Cette aile en retour abrite, sur deux étages, plusieurs appartements décorés de boiseries finement sculptées. Sous Louis XIV, ils étaient habités par la belle-sœur du Roi, «Madame», son neveu le duc de Chartres, le futur Régent, et ses trois filles, la duchesse de Chartres, la duchesse de Bourbon et la princesse de Conti. Pierre le Grand y logea avec sa suite en mai 1717. Sous Louis-Philippe, Trianon-sous-Bois était occupé par le fils cadets du Roi.

La première pièce est l'ancien salon du Billard de Louis XIV : elle était alors décorée d'une suite de tableaux de Houasse illustrant le mythe de Minerve. Louis-Philippe la transforma en une chapelle, où fut célébré, le 17 octobre 1837, le mariage de sa seconde fille, la princesse Marie, avec le duc de Würtemberg.

L'aile de Trianon-sous-Bois est réservée au chef de l'Etat et ne se visite pas.

Le Petit Appartement de l'Empereur

(Visite sous la conduite d'un conférencier)

Composé de cinq pièces, dont les portes-fenêtres ouvrent sur l'ancien jardin du Roi, il a été formé par la réunion d'une partie de l'ancien appartement de madame de Maintenon – où logeait Stanislas Leszczinski lors de ses séjours à Trianon – et du Petit Appartement aménagé en 1750 pour Louis XV.

Napoléon l'occupa pour la première fois en décembre 1809, dans les jours qui suivirent son divorce d'avec Joséphine. Sous Louis-Philippe, il était habité par les filles cadettes du Roi, les princesses Marie et Clémentine.

Le mobilier date du Premier Empire, mais les tableaux s'y trouvaient déjà, pour la plupart, au temps de Louis XIV.

L'antichambre[17]

C'est l'ancien cabinet du Levant, qui servait de grand cabinet à madame de Maintenon. En 1812, la pièce fut diminuée en profondeur pour loger un escalier conduisant à l'entresol : elle devint alors le cabinet du secrétaire de l'Empereur.

Les murs sont tendus d'un damas de couleur «terre d'Egypte» avec une bordure ponceau et vert, sur lequel sont accrochés les tableaux suivants : *Junon et Flore* par Bon de Boulogne ; *Zéphyr et Flore*, représentés deux fois, par Noël Coypel et par Michel Corneille et *Apollon reçoit son carquois et ses flèches de Mercure*, par Noël Coypel.

Le cabinet particulier[18]

C'est l'ancien cabinet du Repos, qui servait de chambre à coucher à madame de Maintenon. Divisée au XVIIIe siècle en plusieurs cabinets, cette pièce a été rétablie en 1813 dans ses dimensions; elle a pris alors l'aspect qu'elle présente aujourd'hui (fig. 254).

Les meubles «serre-papiers» ont été livrés par Jacob-Desmalter et la pendule par Bailly. Les sièges ont servi au premier consul au château de Saint-Cloud, et le guéridon provient du palais de l'Elysée.

Sur la tenture de damas vert enrichie d'une bordure en brocart d'or, sont accrochés les tableaux suivants : *Apollon et la Sybille* et *Apollon et Hyacinthe* par Louis de Boulogne; *Apollon chez Thétys*, par Jean Jouvenet; *Apollon couronné par la Victoire* et *le Repos d'Apollon*, par Noël Coypel.

254

254
Le cabinet particulier
de l'Empereur

255
La chambre
de l'Empereur

La salle de bains[19]

Ici commence le Petit Appartement aménagé en 1750 pour Louis XV, dont cette pièce était le cabinet de retraite. Napoléon en fit une salle de bains.

Les murs sont tendus de basin blanc, qui recouvre également les sièges gondoles. La baignoire est dissimulée par une banquette en drap vert.

La chambre[20]

C'est l'ancienne chambre de Louis XV, créée en 1750 à l'emplacement d'un escalier et d'une partie de la salle suivante (fig. 255).

La tenture en moire brochée à fond « bois de citron » est ornée d'une bordure en brocart d'argent sur fond lilas. La commode et le secrétaire en acajou enrichi de bronzes dorés ont été fournis par le marchand Baudouin. L'athénienne ou « lavabo impérial » est composée d'un support en acajou et bronze doré et d'une cuvette en porcelaine de Sèvres.

Le salon du Déjeun[21]

A l'origine, cette pièce et la moitié de la pièce précédente formaient la salle des Buffets, communiquant avec l'antichambre (actuel salon de Musique) où soupait Louis XIV; elle était surmontée de la tribune des musiciens. Ses dimensions actuelles datent de Louis XV, dont c'était le grand cabinet. Son décor et son mobilier ont été réalisés pour Napoléon, qui en avait fait son salon du Déjeun, c'est-à-dire la pièce où il prenait son petit déjeuner.

La tenture murale est un «damas économique» bleu et blanc, encadré d'une bordure aurore; il recouvre également les sièges de Jacob-Desmalter. La pendule en forme de temple, en différents marbres, jaspe et lapis-lazuli, a été réalisée avec des éléments du surtout de Charles X. Elle est encadrée de deux vases en porcelaine de Sèvres, à décor de paysages. La coupe en albâtre oriental est une saisie d'émigré; sous l'Empire, elle était placée sur une des consoles de la galerie. Le guéridon, dont la ceinture est orné d'une farandole de muses, a été apporté pour la princesse Marie.

Le tableau, par Noël Coypel, représente *Des nymphes présentant une corne d'abondance à Amalthée*; il provient de Trianon-sous-Bois.

Le salon du Déjeun communique avec le salon de famille de l'Empereur, ancien salon des Jeux de Louis XV.

256
Plan des jardins
de Trianon

Les jardins de Trianon

Revenu au péristyle, le visiteur traverse le parterre haut, descend sur le parterre bas et se dirige à gauche vers la balustrade de pierre qui domine le bassin du Fer-à-cheval, encadré par deux rampes (fig. 256). Il est ainsi dans l'axe du bras secondaire du Grand Canal, à l'extrémité duquel s'élevaient, au temps de Louis XIV, les bâtiments de la Ménagerie, aujourd'hui disparus.

Il contourne ensuite le bassin du Plat-Fond, qui est orné de dragons par Hardy et où se reflète le péristyle. De là, il aperçoit la perspective des salles vertes qui étaient autrefois ornées de statues et de vases de marbre. Puis, il gagne le buffet d'Eau (fig. 257), construit par Jules Hardouin-Mansart et orné des figures de *Neptune* et d'*Amphytrite*, de lions, de tritons et d'un bas-relief représentant *le Triomphe de Thétys*.

256

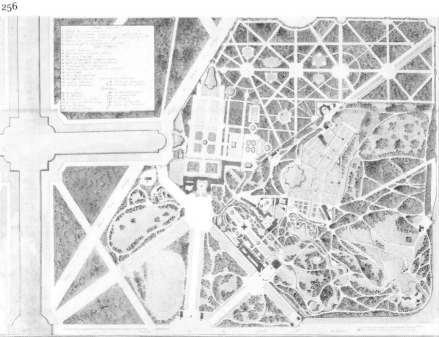

Plan Général du Parc et des Jardins des deux Trianons sous tous dimensions.

257

Traversant alors le jardin des Marronniers, il atteint l'amphithéâtre ou salle des Antiques, où se trouve une série de
bustes imités de l'antique et entourant celui d'Alexandre ; les
Nymphes du bassin sont l'œuvre de Hardy et les deux vases
sont dus à Robert Le Lorrain.

Redescendant vers l'aile de Trianon-sous-Bois à laquelle
donne accès un majestueux perron, il traverse une pelouse
qui occupe l'emplacement du jardin des Sources et gagne le
jardin du Roi, à l'entrée duquel est placée une fontaine due à
Marsy et provenant du théâtre d'Eau, un des bosquets disparus
des jardins de Versailles.

257
Le buffet d'Eau

Le «nouveau Trianon ou petit Trianon»

Venant du jardin du Roi, le visiteur franchit un petit pont, construit sur l'ordre de Napoléon mais refait à la fin du siècle dernier.

Le nouveau Trianon a pour origine la création, en 1750, d'un jardin botanique dont Louis XV confie la direction à Claude Richard. Le Roi porte un intérêt passionné aux expériences scientifiques qui y sont poursuivies et dont le nombre et la diversité étonnent : essais d'acclimatation du caféier, du figuier et de l'ananas; culture de la reine-marguerite, du géranium et de la fraise; plantation d'arbres exotiques; étude des causes de la corruption des blés et des moyens de la prévenir. Des serres chaudes sont construites pour abriter les végétaux les plus délicats, en particulier les plantes exotiques que les chefs d'escadre de la marine royale rapportent, à la demande du Roi, de leurs lointains voyages.

Dans ce jardin botanique, Bernard de Jussieu applique pour la première fois les principes de sa nouvelle classification.

Mais, vingt-cinq ans plus tard, après le mort de Louis XV, ces aménagements à caractère scientifique disparaissent, les plates-bandes et les serres sont détruites, et les précieuses collections botaniques sont envoyées au jardin du Roi à Paris, l'actuel jardin des Plantes. A leur emplacement, la reine Marie-Antoinette crée le jardin paysager, parsemé de «fabriques», dans le goût «anglo-chinois» alors à la mode.

Dès l'origine, le jardin botanique a été prolongé par un petit jardin à la française, qu'agrémentent quatre bassins ornés de groupes d'enfants symbolisant les *Quatre Saisons*. A l'extrémité de ce jardin, se dresse une charmante construction, le pavillon du Jardin français. Ce dernier, ainsi d'ailleurs que toutes les «fabriques» du Petit Trianon, se visite uniquement sous la conduite d'un conférencier (se renseigner au Grand Trianon).

Le pavillon du Jardin français

Construit en 1750 par Ange-Jacques Gabriel, ce pavillon est un modèle d'architecture rocaille : plan centré en forme de croix de Saint-André, mascarons des portes-fenêtres représentant *les Saisons*, balustrade du toit animée de groupes d'enfants et de vases fleuris (fig. 258).

258

L'intérieur comporte un salon circulaire dont les fenêtres alternent avec les portes de quatre cabinets : un boudoir, un réchauffoir, une cuisine et une garde-robe. Les boiseries du salon, aujourd'hui dorées, étaient autrefois peintes en vert et blanc ; les bas-reliefs, sculptés par Verberckt, représentent des jeux d'enfants évoquant la chasse, la pêche et le jardinage ; huit colonnes corinthiennes supportent une corniche où sont figurés au naturel des canards, des pigeons, des cygnes, des coqs et des poules rappelant la Nouvelle Ménagerie voisine (fig. 259).

Louis XV, au retour de ses longues promenades à travers le jardin botanique et les serres, aimait à s'arrêter ici pour classer ses herbiers ou prendre une collation de lait et de fraises.

Le pavillon du Jardin français est axé d'un côté sur le Salon frais, de l'autre sur la Nouvelle Ménagerie. Au fond du parterre, là où se dresse aujourd'hui le château du Petit Trianon, s'élevait autrefois un portique de treillage qui masquait la vue des serres.

259

258
Le pavillon du Jardin
français (extérieur)

259
Le pavillon du Jardin
français (intérieur)

Le Salon frais

C'est une petite salle à manger d'été, dont les murs étaient autrefois revêtus d'un treillage et surmontés de vases également en treillage.

L'intérieur, dallé de marbre, était orné de boiseries sculptées par Verberckt et peintes en vert et blanc; les deux principaux panneaux sont actuellement placés dans l'un des cabinets du pavillon du Jardin français.

La Nouvelle Ménagerie

Cette élégante construction est ainsi appelée pour la distinguer de la Ménagerie de Louis XIV. Elle abritait une bergerie, une vacherie, une laiterie, des poulaillers et une volière; on y élevait des animaux domestiques soigneusement sélectionnés.

Derrière la Ménagerie, on aperçoit les toits de chaume des anciennes Glacières de Louis XIV.

Le château du Petit Trianon a été construit pour permettre à Louis XV de faire des séjours prolongés dans son domaine

260

favori. Commencé en 1763, il a été terminé en 1768. La comparaison avec le pavillon français permet de mesurer la rapidité de l'évolution du style d'Ange-Jacques Gabriel qui, en treize ans, passe avec aisance d'une architecture encore rocaille au classicisme le plus pur (fig. 260).

Le bâtiment, de plan carré, présente un soubassement qui, en raison des différences de niveau, n'est visible que sur deux faces, un étage noble et un attique. Les quatre façades sont différentes l'une de l'autre. La plus importante, qui regarde le jardin français, trahit l'influence d'Andrea Palladio, le grand architecte vénitien du xvie siècle : par l'harmonie de ses proportions et la finesse de sa sculpture décorative, elle est sans doute le chef-d'œuvre de l'architecture néo-classique en France.

La chapelle

Cet édifice est d'une architecture simple mais raffinée.

Le maître-autel est surmonté d'un tableau de Joseph-Marie Vien, exécuté en 1774, qui représente *Saint Louis et Marguerite de Provence rendant visite à saint Thibault* : le religieux remet au couple royal une branche de fleurs de lys dont les onze fleurs symbolisent leur future descendance.

Le perron extérieur de la chapelle donne accès directement à la tribune royale.

260
La façade du Petit Trianon sur le Jardin français

261
Le Théâtre de la Reine

Le Théâtre

Au XVIIIe siècle, le théâtre tient une place importante dans la «vie de château». Marie-Antoinette souhaite donc en avoir un, que son architecte, Richard Mique, construit en 1780.

L'extérieur est d'une grande simplicité, à l'exception du porche d'entrée dont les colonnes ioniques supportent un fronton renfermant un *Amour* sculpté par Deschamps. Ce dernier est également l'auteur des bas-reliefs des *Muses* qui décorent le vestibule et le foyer.

La salle est relativement petite, car la Reine n'admettait aux représentations, outre la famille royale, que ses amis personnels et quelques domestiques. Mais elle est décorée avec un goût particulièrement raffiné, dans les tons bleus que rehaussent les différents ors des sculptures en carton-pâte. Le plafond est une copie moderne de la peinture originelle de Jean-Jacques Lagrenée, conservée en réserves, et représente *Apollon, les Muses et les Grâces* (fig. 261). La salle vient d'être restaurée, en 2001.

La scène, assez vaste pour permettre la représentation d'opéras, a conservé l'un des décors d'origine. Les spectacles étaient assurés alternativement par les troupes de la Comédie-Française, de la Comédie-Italienne et de l'Opéra : c'est ainsi que cette dernière donna, en présence de l'empereur Joseph II, l'*Iphigénie en Tauride* de Gluck.

Mais la Reine avait également formé une troupe, dite «troupe des seigneurs», composée d'elle-même, de certains membres de la famille royale et de quelques amis. Marie-Antoinette parut, entre autres, dans *le Devin de village* de Jean-Jacques Rousseau et dans *le Roi et le Fermier* de Sedaine.

Au sortir du Théâtre, le visiteur pénètre dans le jardin paysager, créé par Mique à partir de 1775 à l'emplacement du jardin botanique de Louis XV.

Le Belvédère ou pavillon du Rocher

Ce charmant pavillon de repos, édifié sur une butte dominant un petit lac, est une construction octogonale : les bas-reliefs surmontant les fenêtres représentent *les Saisons*, et les frontons des portes sont ornés des attributs de *la Chasse* et du *Jardinage* (fig. 262).

262

262
Le pavillon du
Rocher ou Belvédère
(extérieur)

263
Le pavillon du
Rocher ou Belvédère
(intérieur)

263

Il abrite un salon circulaire, dont le sol est recouvert d'une belle mosaïque de marbre, et les parois ornées de délicates arabesques peintes par Le Riche (fig. 263).

Derrière le Belvédère, se trouvent l'Orangerie et l'ancienne maison du jardinier Richard.

Le visiteur revient au château du Petit Trianon qu'il contourne par la gauche. A l'emplacement des serres de Louis XV, sur un îlot qu'enserrent les deux bras d'une petite rivière, se dresse le temple de l'Amour.

Le temple de l'Amour

Cet édifice circulaire en marbre blanc a été construit par Mique en 1778 (fig. 264). Douze colonnes corinthiennes supportent un entablement orné de rinceaux et une coupole hémisphérique dont les caissons renferment des bas-reliefs, dus à Deschamps, et représentent les emblèmes de l'Amour. Au

264

centre, est placée une réplique ancienne de la célèbre statue de Bouchardon *l'Amour taillant son arc dans la massue d'Hercule*, qui s'y trouvait autrefois et qui est maintenant au Louvre.

Une petite porte donne accès à la cour d'honneur du château du Petit Trianon. Cette cour est fermée par une grille cantonnée de deux pavillons de garde, et elle est bordée par la chapelle que prolongent les bâtiments des communs.

264
Le temple de l'Amour

Le château du petit Trianon

L'escalier[1], dont la rampe en fer forgé et doré est le principal ornement, conduit à l'étage noble où se trouvent les pièces de réception et l'appartement de la Reine.

L'antichambre[2]
Elle comportait autrefois deux poêles de faïence qui étaient placés de part et d'autre de la porte donnant accès à la salle à manger et assuraient ainsi le chauffage des deux pièces.

La peinture du dessus-de-porte, par Philippe Caresme, représente *Myrrha métamorphosée en arbuste*.

Les bustes de *Louis XVI* et de l'*Empereur Joseph II*, frère de Marie-Antoinette, sont l'œuvre de Boizot.

La salle à manger[3]
Le décor de cette pièce rappelle sa destination ; les sculptures des boiseries et de la cheminée représentent des fruits et les grands tableaux évoquent les différentes sources de l'alimentation : *la Moisson* par Lagrenée, *la Chasse*, par Vien, *la Vendange*, par Hallé et *la Pêche*, par Doyen. Les dessus-de-porte représentent *Borée et Orythie* et *Flore et Zéphyr*, par

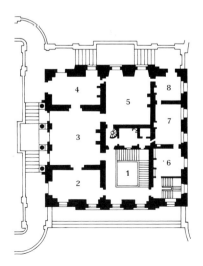

265

Monnet, *Vénus et Adonis* et *Vertumne et Pomone*, par Belle (fig. 265).

Louis XV avait commandé au mécanicien Loriot des «tables volantes» qui devaient monter du rez-de-chaussée, mais elles ne furent jamais exécutées.

La petite salle à manger[4]

Salle à manger des Seigneurs au temps de Louis XV, elle fut transformée en salle de Billard par Marie-Antoinette.

On y remarque une commode et une console livrées par Riesener pour le petit Trianon; les sièges ont été exécutés par Dupain pour la Reine; les bras de lumière proviennent du salon des Jeux de Louis XVI au château de Fontainebleau; le guéridon ovale est de Gaspard Schneider.

Le salon de compagnie[5]

Les boiseries, sculptées par Guibert, sont sans doute les plus belles du château. Les peintures des dessus-de-porte sont inspirées des *Métamorphoses* d'Ovide : *Clytie changée en tournesol* et *Apollon et Hyacinthe*, par Nicolas-René Jollain; *Adonis changé en anémone* et *Narcisse changé en fleur du même nom*, par Nicolas-Bernard Lépicié (fig. 266).

L'admirable lanterne en acier bleu et bronze doré a été exécutée pour ce salon. Les bras de lumière proviennent du château de Saint-Cloud. Du mobilier livré par Louis XV, seule subsiste la table à jeu. La table à écrire, dont la marqueterie représente l'Astronomie, est une œuvre de Riesener. Le piano-forte de Pascal Taskin et la harpe rappellent les goûts musicaux de Marie-Antoinette. Le tapis de la Savonnerie provient de l'appartement de Marie Leszczinska à Versailles. Sur le gué-ridon, un œuf d'autruche décoré rappelle ceux que le Roi offrait le jour des Rameaux.

Les portes encadrant la cheminée donnent accès à l'appartement de la Reine (visite sous la conduite d'un conférencier).

L'appartement de la Reine

Il est composé de trois petites pièces entresolées, au-dessus desquelles se trouvent une bibliothèque et la chambre d'une femme de chambre de la Reine.

Le cabinet de toilette[6] est l'ancienne bibliothèque bota-nique de Louis XV. On y remarque une «toilette», exécutée par Riesener pour le Petit Appartement de la Reine au château des Tuileries.

La chambre[7] est l'ancien cabinet particulier de Louis XV, dont l'appartement était situé à l'étage d'attique. Ses fenêtres ouvraient alors sur les plates-bandes et les serres, que rap-

266

265
La salle à manger

266
Le salon
de compagnie

pellent les fleurs sculptées des boiseries (fig. 267). Marie-Antoinette en fit sa chambre à coucher, et c'est alors que fut livré l'extraordinaire mobilier : commode (disparue), console et table en acajou à décor de bronze doré imitant la vannerie, exécutées par Schwerdfeger ; lit (disparu), sièges et écran au décor sculpté d'osier, d'épis et de fleurs de jasmin, peint « au naturel » et recouverts d'un basin brodé de fleurs des champs, mobilier livré par Georges Jacob ; pendule et bras de lumière, ces derniers conservés aujourd'hui dans la collection Gulbenkian à Lisbonne.

Le boudoir[8] (fig. 268) a été créé par Marie-Antoinette à l'emplacement d'un petit escalier qui permettait à Louis XV de gagner directement sa chambre à l'attique, et au pied duquel le Roi prenait son café. Les ravissantes boiseries, peintes en bleu et blanc, ont été dessinées par Mique : elles comportent des rinceaux de roses et des arabesques finement sculptées. Les deux fenêtres peuvent, le soir, être obturées par un ingénieux système de « glaces mouvantes » qui montent du rez-de-chaussée. L'élégant mobilier, par Georges Jacob, a été exécuté pour le comte de Provence, beau-frère de la Reine.

L'attique
Visite sous la conduite d'un conférencier.

Un petit escalier conduit à l'étage d'attique, où se trouvent l'appartement du Roi et différents logements : au temps de Louis XV, ils étaient occupés par les familiers du Roi. Marie-Antoinette y logea sa fille Madame Royale, la gouvernante de celle-ci, Madame Elisabeth, sœur de Louis XVI, et quelques dames.
L'appartement du Roi comprend trois pièces, dont la principale est la chambre, qui est ornée d'élégantes boiseries et dont l'alcôve est tendue d'un lampas cramoisi à dessins chinois. Le lit « à la polonaise » est très proche de celui de Louis XVI, et la commode a été livrée par Riesener pour cet appartement.
Louis XVI, lorsque la Reine séjournait au Petit Trianon, y venait trois fois par jour pour prendre ses repas avec elle ; mais il retournait toujours à Versailles pour y coucher.
Les logements de suite abritent aujourd'hui des meubles qui ont été exécutés pour les personnages qui ont habité le Petit Trianon au xixe siècle : la princesse Pauline Borghese, sœur de Napoléon, l'impératrice Marie-Louise, et, sous Louis-Philippe, le duc et la duchesse d'Orléans.
En sortant du château, le visiteur franchit de nouveau la petite porte à gauche, qu'il a empruntée précédemment. Il longe alors la rive droite de la rivière, passe devant le temple de l'Amour et parvient au Hameau de la Reine.

267

268

267
La chambre
de la Reine

268
Le boudoir

Le Hameau de la Reine

En 1783, Marie-Antoinette fit élever, à l'extrémité de son domaine, une douzaine de maisonnettes rustiques aux toits de chaume qui, groupées autour d'un lac, formaient un véritable petit village. En effet, contrairement à d'autres «hameaux» construits à la même époque, celui-ci, dont Mique était l'architecte, n'était pas une création d'opérette et la Reine n'y jouait pas à la bergère : c'était une véritable petite exploitation agricole, dirigée par un fermier, et ses produits alimentaient les cuisines du château.

La maison de la Reine

Cette construction (fig. 269) est l'édifice le plus important du Hameau. Il comporte, en réalité, deux bâtiments distincts et reliés par une galerie de bois, décorée de pots de fleurs en

269
La maison
de la Reine
au Hameau

269

faïence blanche et bleue au chiffre de Marie-Antoinette : à droite, la maison de la Reine proprement dite, comprenant au rez-de-chaussée une salle à manger et un cabinet des jeux, et à l'étage un grand salon, un petit salon et un cabinet chinois ; à gauche, la maison du Billard, comprenant au rez-de-chaussée une salle de billard, et à l'étage un petit appartement. Du haut de la galerie, la châtelaine de Trianon, simplement vêtue d'une robe de mousseline blanche et coiffée d'un chapeau de paille, pouvait suivre des yeux les travaux des champs.

Les autres maisonnettes sont : le moulin à eau, le réchauffoir, le boudoir, le colombier, la maison du garde, la grange qui pouvait servir de salle de Bal et qui n'existe plus ; la laiterie de préparation, disparue également sous le Premier Empire ; la laiterie de propreté, où les pots de lait en porcelaine de Sèvres étaient rangés sur des tablettes de marbre ; la tour de Malborough, qui domine le lac, et dont le soubassement abrite la pêcherie, et enfin la ferme, aujourd'hui en partie détruite.

La Grande Ecurie
et la Petite Ecurie

La Grande et la Petite Écurie du Roi sont situées en bas de la place d'Armes, entre les avenues de Saint-Cloud, de Paris et de Sceaux. Elles ont été édifiées par Jules Hardouin-Mansart entre 1679 et 1682.

La Grande Écurie était destinée à abriter les chevaux de selle du Roi et du Dauphin dans quatre galeries que complétaient des réserves pour les harnachements, des ateliers de réparation et des greniers à fourrages. Elle comportait également de nombreux logements : pour le Grand Écuyer, les écuyers, les pages et leurs professeurs, les hérauts d'armes, les musiciens, les palefreniers et les artisans. Depuis 1997, une galerie abrite un musée des carrosses.

La Petite Écurie était réservée aux chevaux de trait et aux carrosses, qui occupaient six galeries. On y trouvait des dépendances analogues à celles de la Grande Écurie, et des logements : pour le Premier Écuyer, les écuyers, les pages et leurs professeurs, les palefreniers, les cochers, les postillons et les artisans.

De nos jours, les deux Écuries sont affectées à diverses administrations : la Petite Écurie, en particulier, abrite le service de Restauration des musées de France ainsi que les ateliers et les réserves du musée national du château de Versailles. Ce dernier occupe également les quatre galeries et la chapelle des pages de la Grande Écurie.

270
Vue de la salle
du Jeu de Paume

La salle du Jeu de Paume

Cette salle est située à l'extérieur du Château
(entrée rue de Jeu-de-Paume)

Le jeu de la «courte paume» est l'ancêtre du tennis. Les princes de la famille royale le pratiquaient volontiers dans cette salle, construite en 1686.

Le 20 juin 1789, les députés du Tiers Etat, auxquels s'étaient joints quelques représentants du Clergé et de la Noblesse, ayant trouvé fermée la salle de séances de l'Assemblée nationale, se réunirent ici et firent le serment de ne se séparer qu'après avoir donné une Constitution au royaume (fig. 276).

En 1883, la salle fut aménagée en un petit musée de la Révolution et reçut alors son décor actuel. La statue de *Bailly président de l'Assemblée nationale* est entourée par les bustes des principaux participants à cet événement historique. Le grand tableau représentant le *Serment* a été exécuté d'après le dessin de Jacques-Louis David conservé dans les Galeries historiques du château.

270

Crédits photographiques:
Réunion des musées nationaux
(Arnaudet, Bernard, Blot, Jean, Lewandowski, Marbœuf)
à l'exception de la fig. 42 (voûte de la galerie des glaces):
Varga-Artephot

Publication du département du Livre
dirigé par Béatrice Foulon

Coordination éditoriale: Marie Lionnard
Fabrication: Jacques Venelli
Maquette. Bruno Pfäffli
Dessins des plans: Pierre-Alain Paquie

Les textes ont été composés en Versailles
par l'Union Linotypiste
et les illustrations gravées par NSRG.

Cet ouvrage a été achevé d'imprimer
sur Satimat d'Arjomari
sur les presses de l'imprimerie Mame à Tours,
qui a également réalisé le façonnage.

Premier dépôt légal : 1er trimestre 1991
Dépôt légal : Mai 2004
GG 10 2309